英傑会の謎

名古屋まつりを彩る郷土三英傑

Toshiyuki Otake
大竹敏之

風媒社

はじめに

名古屋まつりをご覧になったことはあるだろうか？
侍たちや姫らで構成された郷土英傑行列を中心に
山車やフラワーカー、子どもたち手製のおみこしなど
にぎやかなパレードが市中をねり歩き秋の名古屋を鮮やかに彩る。
街頭の人出は200万人以上とされ
地域のまつりの中では最大のスケールを誇る。

その目玉、主役というべきが織田信長、豊臣秀吉、徳川家康、
揃って名古屋にゆかりがある天下人、いわゆる三英傑。
そして、この三役が毎年一般市民から選ばれていることは
地元では広く知られている。

しかし、脇を固める侍たちの多くが自衛隊員だったり
各英傑隊はそれぞれ地元の百貨店が提供していたり
各百貨店によってメイクの傾向が微妙に異なったり
英傑たちの中にはひそかに紙おむつを着用する人がいたり

英傑役を演じた人が集まると素顔でも何となく
信長、秀吉、家康の誰の役だったかを想像できたり、
さらには元英傑らによるＯＢ会が存在したり…
なんて話は、市民でも知る人はほとんどいないのではあるまいか。

まつりの主役たちの知られざるエピソードを掘り下げていくことで
名古屋まつりがいかに市民の思いの上で成り立っているか
いかに地域の文化として重要な役割を担っているか
いかに魅力にあふれた行事であるかを伝えられるのではないか…。

そんな思いからこの本の制作は始まりました。
これを読んで是非、名古屋まつりと三英傑を見にお出かけください！

第69回令和5年（2023）
名古屋まつり　郷土英傑行列「三英傑」揃

写真提供＝名古屋市ならびに英傑会

第68回令和4年（2022）
名古屋まつり　郷土英傑行列「三英傑」揃

写真提供＝名古屋市ならびに英傑会

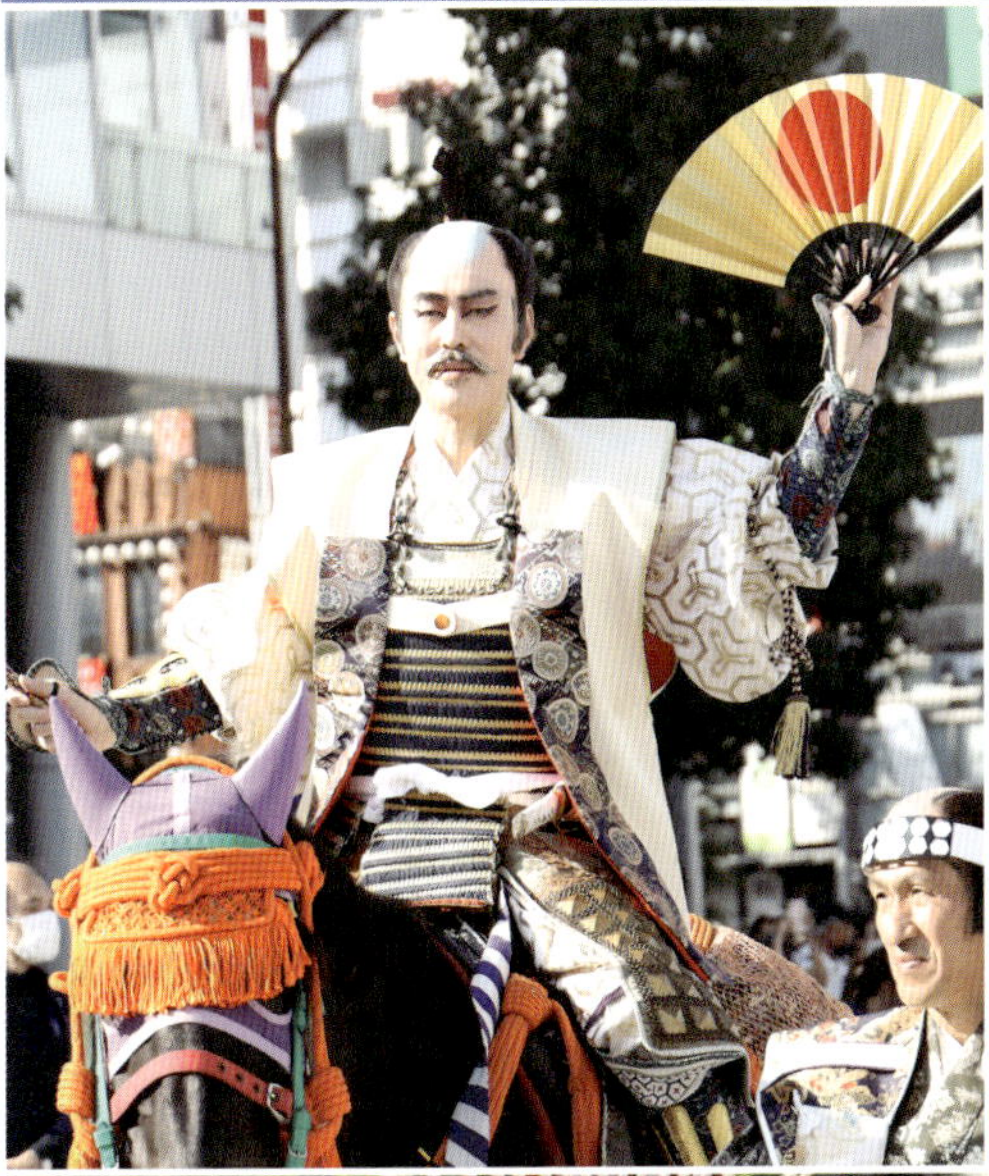

第69回令和5年（2023）名古屋まつり

写真提供＝名古屋市

第68回令和4年（2022）名古屋まつり

写真提供＝名古屋市

英傑会の謎　名古屋まつりを彩る郷土三英傑◎目次

II　愛されつづける三英傑

III　あこがれの英雄に

I 市民が主役の名古屋まつり

名古屋まつりのルーツと歴史

前身は各産業界の見本市「名古屋商工祭」

名古屋まつりの始まりは昭和30（1955）年。令和6（2024）年で第70回を迎え、名古屋の秋の風物詩として定着している。

この名古屋まつりには、いくつもの前身やルーツといえるまつりや行事がある。直接の母体にあたるのが昭和29（1954）年に開かれた「名古屋商工祭」だ。

名古屋商工祭は、地域の産業振興を目的とし、各産業界の最新技術や目玉商品を出品する見本市をひとまとめにしたもの。商店街山車みこしといったレクリエーション要素もあったが、中心はあくまで経済的行事だった。

戦後復興が経済優先で進められ、時はいよいよ高度経済成長期に入る。人々の暮らしにも少しずつゆとりができ、文化、娯楽を充実させようという気運も高まっていた。名古屋でも、全市民が参加して楽しめるまつりを行おうというムードが醸成されていく。そこで、名古屋商工祭に伝統的、文化的要素を加えた全市民のレクリエーションとなるまつりを行おうと企画されたのが「名古屋まつり」だった。

第1回名古屋まつりは昭和30年10月10日～20日の11日間にわたって開催。主催である名古屋まつり協進会による主催行事には、現在まで続く「郷土英傑行列」「山車揃」などが既に名を連ね、懐かしい花電車、装飾電車の運転も。市民と市職員の仮装行列が行われていたのも牧歌的で時代を感じさせる。

前年に開かれた名古屋商工祭は名古屋まつりに吸収されることになる。各業界の催しは「名古屋陶磁器展」「全国優良機械展」「ナイロンメリヤスショウ」「新しい農業展」「伸びゆくプラスチック展」「郷土染色創作展と着物ファッションショー」「玩具、人形展示見本市」「オートショー（自動車展示会）」「和菓子展示会」「鞄の新製品展示競技会」「染物祭」「アクセサリーまつり」「中部名酒普及大会」「喫茶祭」「染色呉服祭」「名古屋繊維問屋連合大売出し」「コーヒーフェアー」など…。

当時華やかだった産業分野の参加が目立ち、このラインナップだけで時代

名古屋まつりの前身「名古屋商工祭」の企画のひとつ「全国優良機械展」の様子（写真提供：名古屋商工会議所）

の空気を感じられる。

名古屋三大まつりのひとつ東照宮祭
市民総出の盛り上がり

17世紀から続く名古屋の伝統にまつりの背景を求めると、東照宮祭に行き着く。東照宮祭の始まりは徳川家康の三回忌にあたる元和4（1618）年とされ、家康の命日の4月17日と前日の16日を中心に行われた。祭車が曳かれるようになったのは2年目から。最初に登場した上七間町の2輌の大八車には能人形が飾られ、さらに翌年の元和6（1620）年に登場した橋弁慶車では牛若丸と弁慶のからくり人形が大立ち回りを演じ、大人気となった。1600年代半ばになると名古屋型の山車が普及し、1700年代半ばには名古屋型7輌を含む山車9輌が出揃った。

東照宮祭は尾張藩主導で行われたが、武士だけでなく庶民も御幸行に参加した。山車や仮装などの出し物が続く祭礼行列には多くの見物客が集まり、江戸時代には名古屋随一の祭と称された。明治期に刊行されたその名も『名古屋祭』（伊勢門水著　明治43年発行、昭和55年に村田書店により復刻）には、慶応元年（1865）の行列の人数は6800人にもおよび、「全市全町は総出」と記されている。庶民も何らかの形で祭に寄与したいと切望し、行列の供奉にもれた老人がせめて風呂焚きでも勤めたいと願い出て、その熱意を買われて町奉行休息所の給仕役をこうむった、とも記されている。江戸末期でもこの熱狂ぶりだったが、全盛期はさらに100年余りさかのぼる尾張7代藩主・宗春の時代。宗春は将軍・徳川吉宗の享保の改革に反して祭礼・芸能を奨励し、東照宮祭も各社が競い合うように山車の装飾や装束を新調するなどして華美を競い合い、行列の人数は先の記述の2倍もあったとされる。

明治時代の粋人・伊勢門水が著した『名古屋祭』。明治 43 年に刊行され昭和 55 年に村田書店より復刻された（現在は絶版）

源流に祇園祭、世界の山車まつり

この東照宮祭のさらに起源と考えられるのが京都の祇園祭である。祇園祭は室町時代に既に盛大に執り行われている日本の山車祭礼の先駆け。名古屋の牛頭天王社でも、織田信雄が清須城主だった1500年代半ばには祇園会の祭が営まれていたとの記録がある。山、鉾、舟、屋台の祭礼はアジアに広く分布し、インドのラタ・ヤトラ、タイの舟山車、七尾のでか山、国内では唐津くんちの鯱などが挙げられる。

世界各国にある山車の都市祭礼。そのひとつに位置づけられる京都・祇園祭。東照宮祭はこの流れをくみつつも、人形芸能・傀儡や山車からくりといった芸能+モノづくりの匠の技が結びついている。奉納芸能として山車からくりがあり、風流の表現としてお練

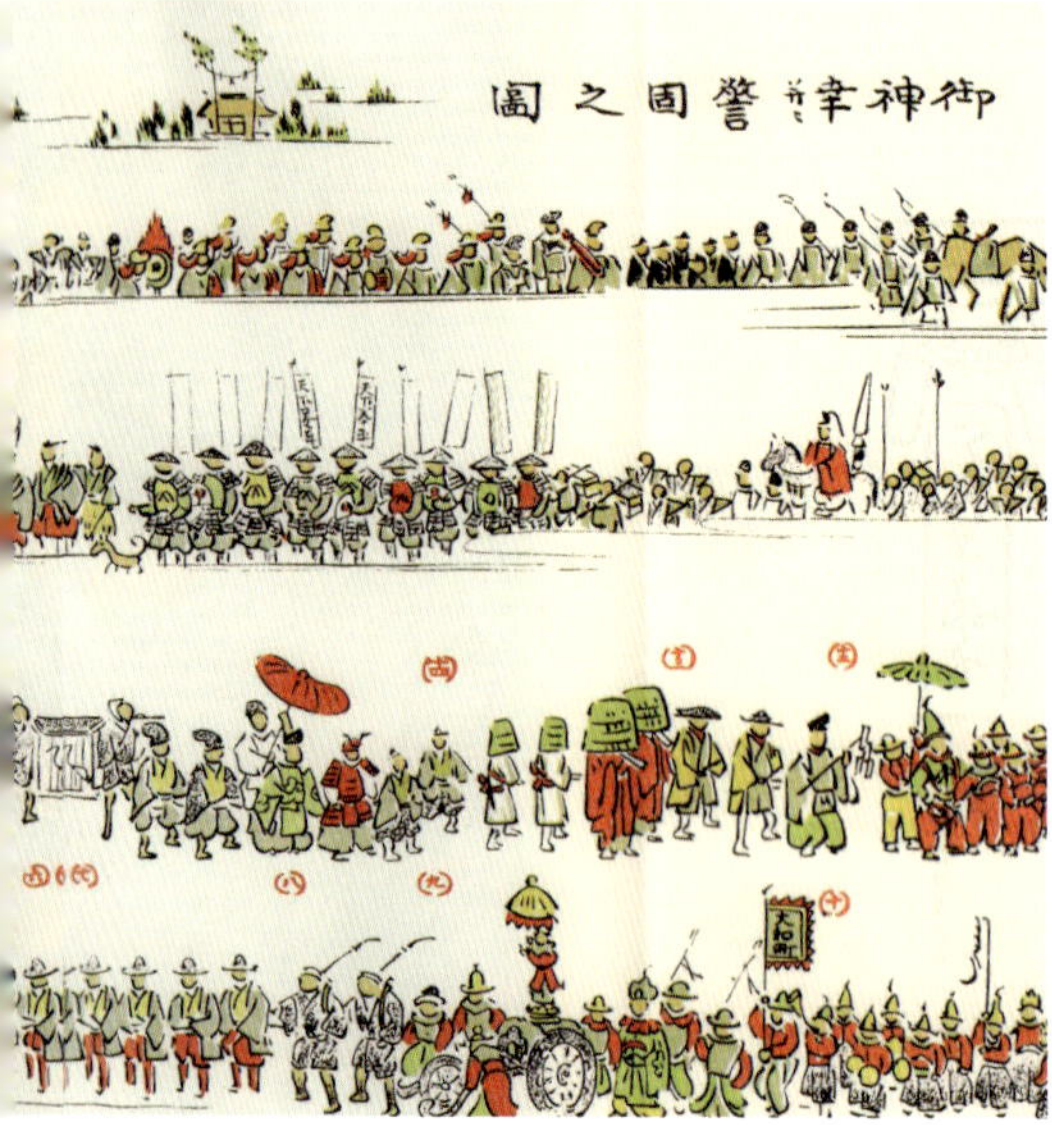

『名古屋祭』収録「御神幸并ニ警固之図」

りや仮装がある。東照宮祭を皮切りに名古屋では天王祭、若宮祭が始まり、それぞれ山車が目玉になっていた。からくりの祭礼は名古屋城下、さらには周辺地域へと広がり、知多、犬山、高山にもこれが波及していく。こうして山車からくりは、名古屋を中心とした現在の東海地方ならではの祭礼の大きな地域的特徴となっていった。

名古屋で祭が盛んとなった背景として、歴代尾張藩主が神社に対し尊崇の念を抱いて参拝にも熱心だったことがある。加えて庶民の暮らしの豊かさもまつり好きの理由に挙げられ、先の『名古屋祭』の書の解説文では「尾張の住民の生活は、他国に比べて、衣食住も足り、ゆとりある生業を営み、こうした生活環境のうちに郷土の祭が四季を通じて、はぐくまれてきたものである」と記されている。同書にはこれらの祭と山車の巡行が「他国のものに較べ、観光資源とされていない点にその特色がある。事の是非はともかく、名古屋人気質をのぞかせている様な気がする」ともあり、昭和55年の復刻版の解説ながら、現在と変わらぬ、よくいえば地に足を着いた、悪く言えば外へのアピール下手の気質が指摘されている。

京都・時代祭が元祖（？）コスプレ行列が祭の華に

明治維新以降、名古屋では徐々にまつり熱は下火になり、明治、大正の頃には、かつて毎年恒例だった各神社の祭礼が、三年休車、五年休車となるケースも各所で見られるようになっていた。さらに太平洋戦争で、かつて栄華を誇った東照宮祭の山車はすべて焼失してしまう。名古屋まつり発足の際には、戦後の復興を内外にアピールするとともに、江戸時代から続く名古屋の伝統、文化を今一度盛り立てたいという意識もあったと考えられる。

郷土英傑行列はその象徴といえる企画だったのだろう。ルーツはやはり東照宮祭。「敗戦後、祭を復活させようと考えたとき、かつての東照宮祭での練り物風流の存在にヒントを得て、郷土英傑行列が企画されたことは想像に難くない」。名古屋市教育委員会文化財保護課発行の『名古屋城下の山車行事調査報告書2018』にはこんな推考が掲載されている。

　時代衣装をまとっての行列行事のルーツもやはり京都の祭礼。先駆けといわれるのが京都の時代祭だ。平安神宮の大祭で、目玉の時代行列では、明治維新から平安京の時代までさかのぼる歴史風俗絵巻が約2000名・約2kmにわたってくり広げられる。始まりは明治28（1895）年。幕末・明治維新で衰退した京都の町おこしのために平安神宮が創建され、その象徴として祭も始まった。

　名古屋でも明治43（1910）年の開府300年記念祭で、尾張三傑（信長、秀吉、清正）の仮装行列が行われている。時代行列が始まって15年後のことだから、意識しての催行だったことはこれまた想像に難くない。

　このように、名古屋まつりは尾張名古屋の伝統をルーツにしつつ、源流には世界各地の山車の祭礼があり、さらには近代における都市祭礼のトレンドも取り入れながら形成されたと考えられる。今どきの感覚からすれば「戦国武将のコスプレ？」なんて思う向きもあるかもしれないし、祭礼としては比較的新しい部類には入るともいえる。それでも、根底には地域性や時代性、そこに住む人々の思いが反映され、堂々たる「名古屋の祭礼」＝「名古屋まつり」といえるものなのだ。

名古屋まつりヒストリー

写真提供＝名古屋市および名古屋市発行のグラフ誌より

第1回 昭和30年（1955）10月10～20日

10月10～20日の全11日間で開催（1966年の第12回まで11日間開催）

郷土英傑行列、文化財指定「山車」揃、警察音楽隊行進、東海民謡おどり大会、アドバルーン街頭行進、花電車、全国優良機械展、市民仮装行列、市職員仮装行列、各区行事、協賛行事など

郷土英傑行列は期間の真ん中の15、16日に開催。期間中、前半は秋雨、最終日は台風に見舞われる中、この2日間は快晴に恵まれた。参加人数は475名。徳川家康班（松坂屋）100名、豊臣秀吉班（丸栄）84名、織田信長班（オリエンタル中村）96名、少年鼓笛隊（名鉄デパート）70名と百貨店4社が中心となり、他に名古屋専門店協会125名、鍋屋上野棒の手振興会25名の合わせて475名で隊が組まれた。3～4列およそ800mもの長さの行列が名古屋市内を練り歩いた。行列の進行は両日とも3時間あまり。「脱落するものは一名もなく」滞りなく進んだと記録されている

この2日間の市電乗車人数

［写真］01. 第2回 花火　02. 第1回 市民仮装行列　03. 第1回 山車揃　04. 第1回 市民協賛おみこし
05. 第2回 夜の山車揃　06. 第1回 ネット広告

は170万人に達した

郷土芸能祭（棒の手、木やり、知多万歳などの公演。※この年の資料に記述はないが、第18回の資料に「18回目」と記されているので第1回から開催していると思われる）

第2回 昭和31年（1956）
10月10〜20日

親子みこしコンクール、花火大会、躍進 大名古屋都市計画展などが加わる

英傑行列が行われた中日の10月14日は、市内中心部に約50万人が集まった

第3回 昭和32年（1957）
10月10〜20日

百万弗女王コンテスト

「名実共に大名古屋を代表する美人を選出し、広く紹介するもの」

女王1名、準女王2名、準々女王10名、全13名を選んで全市を訪問パレード

金城おどり、狐の花嫁行列、手打ちうどん祭、名古屋まつり世界観光映画祭（「花の都パリ」「ハワイの旅」「これがスカンジナビアだ」など17本を上映）

郷土英傑行列が行われた10月12、13日には市内中心部に約70万人が集まる

第4回 昭和33年（1958）
10月10〜20日

古典芸能祭、熱田神宮神輿渡御と舞楽奉納、名画鑑賞と洋舞の会など

第5回 昭和34年（1959）
10月10〜20日

名古屋開府三百五十年 市政七十周年 名古屋城再建記念行事

名古屋城竣功記念名宝展

天守閣にて名古屋城にちなむ名宝、古人の遺品など約80点を展示。国宝の短刀、舞楽面、紙本着色織田信長像など

［写真］07. 第３回 那古野神社御輿　08. 第３回 テレビ塔付近　09. 第５回 百万弗女王の市中パレード
10. 第２回 花電車　11. 第４回 英傑行列

このように様々な節目と、シンボルである名古屋城天守の再建が重なり、大々的な催しが企画されていたが、9月26日に**伊勢湾台風が襲来**。全国で死者・行方不明者5000人以上という国内最悪の台風災害となり、予定されていた**行事の大半は中止**。一部の経済関係行事にしぼって開催

第6回 昭和35年（1960）
10月10～20日
2年ぶりに開催

第7回 昭和36年（1961）
10月10～20日
山車揃のルートが本町通から大津通に変更

第8回 昭和37年（1962）
10月10～20日
なごやパノラミックス開催。名古屋放送芸能人懇話会が出演。演題は「金鯱の下の暦」3幕公演

第9回 昭和38年（1963）
10月10～20日
郷土英傑行列に名古屋ばやし80名が参加
名古屋みなと祭が同時開催
清正石曳き隊が中止

第10回 昭和39年（1964）
10月10～20日
郷土英傑行列にシャチばやし隊が加わる（前年の「名古屋ばやし」から名称変更）
10周年記念行事として、たのしい子どものミュージックパレード、名古屋の歌まつりを開催
名古屋城童話菊人形が5年ぶりに開催

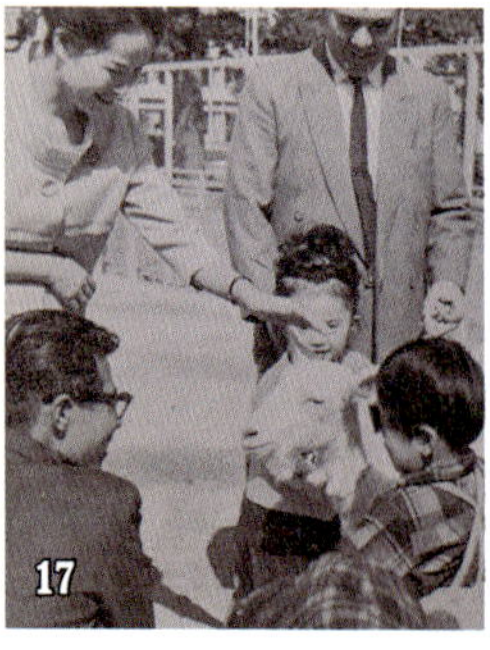

［写真］12. 第3回 大吹奏行進　13. 第7回 花電車　14. 第13回 観光大茶会　15. 第12回 金城おどり
16. 第14回 山車揃　17. 第11回 こども動物園

第11回 昭和40年（1965）
10月10～20日

こども動物園が初登場。名古屋テレビ塔北広場にウサギ、ヤギ、アヒル、オウム、ゾウガメ、ポニーなど80余頭が集められ人気を博す

第12回 昭和41年（1966）
10月10～20日

10月15日は雨天で郷土英傑行列は中止。16日は快晴に恵まれて無事に開催

「体育の日」（10月10日）が国民の祝日になったのにちなみ、スポーツ行事が盛んに。一万人親子ラジオ体操が鶴舞公園にて初開催。婦人バレーボール大会も開催

花バスも初登場。平成17年（2005）の第51回まで続く

第13回 昭和42年（1967）
10月10～16日

それまでの11日間から会期を7日間に短縮

東山1万歩コースで親子歩け歩け大会が初開催。郷土英傑行列はテンポアップが図られた

中学剣道対抗大会

名古屋まつり観光大茶会初開催

第14回昭和43年（1968）
10月10～15日

会期を6日間に短縮

郷土英傑行列に〝音と動き〟を導入。信長隊の鉄砲隊が爆竹を鳴らし、家康隊のしんがりを大岡越前守率いる捕物隊で固めるなどの新趣向が取り入れられる

シャチばやし隊は、前年までの婦人会員から女子短大生に若返り

行列の人数は年々増え、この年は総勢850名に

新たに完成した豊清二公顕彰館から秀吉、清正がオープ

［写真］18. 第12回 花バス　19. 第12回 一万人親子ラジオ体操　20. 第14回 東区七福神パレード　21. 第13回 剣道大会

ンカーでパレード

小中学校剣道対抗大会

第15回 昭和44年（1969）
10月10～15日

名古屋開府360年、市政80周年を祝し、郷土英傑行列はいっそうにぎやかに。家康から慶喜まで徳川15代将軍が勢揃いした他、天一坊、遠山金四郎、井伊大老、ペルリ提督などもくり出す。行列の長さは1200mにもおよぶ

翌年に控えた万国博覧会にちなみ、世界の民俗衣装、万博音頭も披露される

交通安全パレードが新登場

第16回 昭和45年（1970）
10月10～15日

新企画　2000人の吹奏楽開催

日曜日の11日が雨天となり、郷土英傑行列をはじめとする屋外行事は中止。**メインイベントの中止は伊勢湾台風直後だった昭和34年の第5回以来2度目**

第17回 昭和46年（1971）
10月14～18日

会期を5日間に短縮

新企画　名古屋の文化財展開催

熱田神宮神輿渡御、舞楽奉納を中止

第18回 昭和47年（1972）
10月10～15日

会期は6日間

神楽揃（8台）が初登場。市民の声を集めた「市長への提案」を元に実現

市民の自由参加による「市民民踊のつどい」も誕生。市民の思いや参加を強く反映した運営がなされる

第19回 昭和48年（1973）
10月10～14日

会期は5日間

郷土英傑行列　三英傑を初めて市民から公募。78名の応

［写真］22. 第12回全日本民謡おどり　23. 第25回名古屋城菊人形　24. 第16回2000人の吹奏楽
25. 第22回瑞穂区婦人芸能まつり

募があり、40代前半～50代前半の3名が選ばれ主役に扮した。行列の人員はおよそ1000名

初日の土曜日は雨のため中止

花電車ラストラン。翌年3月で市電が全廃されることにより見納めに

第20回 昭和49年（1974）
10月10～13日

4日間開催

三英傑は前年に続いて公募。65名が応募し、40代から50代の3名が主役に。土曜日は雨のため中止

行列の参加人員は前年に続いておよそ1000人でピークに

第21回 昭和50年（1975）
10月10～12日

会期を3日間に短縮。以後第50回（平成17年）まで30年にわたって3日開催が続く

郷土英傑行列は雨のため最終日の日曜日は中止

2月に名東区、天白区が発足し、民謡踊り大会、ボーリング大会（名東区）、区民ハイキング（天白区）などの祭行事が開催される

英傑行列の人員はおよそ800人

第22回 昭和51年（1976）
10月15～17日

好天に恵まれ、郷土英傑行列も4年ぶりに土日両日開催

アメリカ建国200年にあたり姉妹都市ロサンゼルス市から親善使節団34名が訪名し、名古屋まつりのパレードにも参加

第23回 昭和52年（1977）
10月14～16日

第24回 昭和53年（1978）
10月13～15日

第1回大須大道町人まつり開催。〝官のまつり〟名古屋

［写真］26. 第18回 神楽揃　27. 第25回 沿道風景　28. 第27回ナゴヤ・バンド・フェスティバル
29. 第25回 ミスナゴヤと二世週女王

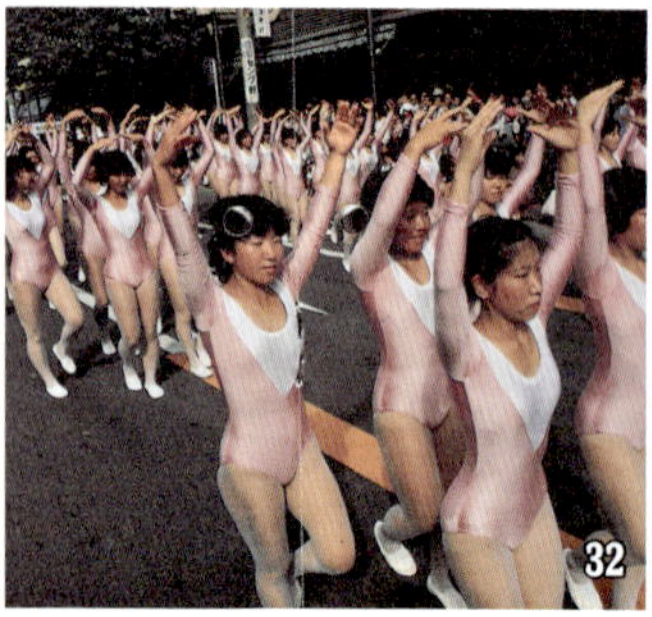

まつりに対抗する〝民のまつり〟として、あえて同じ10月14、15日（名古屋まつりは13日〜）に開催。50万人を集める

第25回 昭和54年（1979）10月12〜14日

郷土英傑行列に清正石曳き隊が昭和37年以来16年ぶりに復活。およそ50人で参加

第26回 昭和55年（1980）10月10〜12日

この年、名古屋市は1988年のオリンピック開催地に立候補。招致の気運を盛り上げるため女子大体操部員50人が5つの輪をつくるオリンピックパレードを開催

市役所本庁舎前に福祉招待席を初めて設置し、老人ホームのシニア、身体障害者の人たちを招待

郷土英傑行列隊、前年に続いて清正石曳き隊が参加。総勢はおよそ700人

第27回 昭和56年（1981）10月16〜18日

郷土英傑行列に初めて外国人が参加。三浦按針に市内在住のペトロさんが扮する

第28回 昭和57年（1982）10月15〜17日

姉妹都市親善パレードに初めて4都市の代表が参加。同時期に市内で国際セミナーが開催されていたため、外国人の見学者も多く国際色豊かな祭に

郷土英傑行列はおよそ630人

第29回 昭和58年（1983）10月14〜16日

土曜日は雨のため郷土英傑行列などが中止

市民参加による新企画、なごやレガッタ、ヘルシージョギング開催

［写真］30. 第26回オリンピックパレード　31. 第35回イラストバナー　32. 第26回オリンピックパレード

第30回 昭和59年（1984）
10月12〜14日
夜の部「宵まつり」初開催
子ども会みこしパレード初開催

第31回 昭和60年（1985）
10月11〜13日

第32回 昭和61年（1986）
10月10〜12日

第33回 昭和62年（1987）
10月16〜18日
郷土英傑行列は、土曜日は雨のため途中で中止。日曜日は秋晴れで予定通り催行

第34回 昭和63年（1988）
10月14〜16日
昭和天皇の病状悪化のため中止

第35回 平成元年（1989）
10月13〜15日
2年ぶりの開催は天候にも恵まれ、郷土英傑行列には2日間で113万人の市民が訪れる
秀吉隊に沖縄エイサーが参加。秀吉の栄華の絶頂の頃を再現し、琉球王国に影響を与えた秀吉にちなんだ
10月15日の日曜日は市制100周年を祝って三姫をタレントが熱演。濃姫＝藤谷美紀、淀君＝佐藤忍、千姫＝西田ひかるの3人が時代絵巻に華を添える

第36回 平成2年（1990）
10月12〜14日
信長隊にラクダが登場！
外国大使と宣教師を乗せたフタコブラクダが行列に加わる

第37回 平成3年（1991）
10月11〜13日
郷土英傑行列は初日の土曜日は雨のため中止
家康隊は関ヶ原の合戦の出陣式を実施

第38回 平成4年（1992）
10月16〜18日

［写真］33. 第39回 屋台村　34. 第38回 デザインカーニバル　35. 第41回 神楽揃

第39回 平成5年（1993）
10月15～17日

第40回 平成6年（1994）
10月14～16日

家康隊は5部構成で江戸時代の流れを再現。123人が同隊だけで参加

世界デザイン博5周年記念イベントとして**デザインみこしパレードを実施**。デザインとかつぎ手を一般公募

デザイン・キャンプNAGOYAも開催

第41回 平成7年（1995）
10月13～15日

郷土英傑行列に尾張藩七代藩主・徳川宗春が登場。御園座社長が扮する

名古屋むすめ歌舞伎が元禄花見おどりを披露

金しゃちみこしがパレードに登場

有料のパレード観覧席が初めて設置される（1500円）

第42回 平成8年（1996）
10月11～13日

秀吉隊の姫役が淀君から正室のねねに交代。初日の土曜日は歌手の真咲よう子さんが演じる

家康隊は長篠の戦いの模擬合戦を披露

郷土英傑行列に前年に続いて徳川宗春が参加

前年から設置されたパレード観覧席は1000円、1500円、2000円の3料金制に

宗春生誕300周年記念市民ミュージカル「宗春夢拍子」開催

ドアラ（旧タイプ）がパレードに参加

第43回 平成9年（1997）
10月10～12日

秀吉隊のねねを女優・中野良子さんが演じる（日曜日）

［写真］37. 第41回 宗春　絞りファッションショー　36. 第42回 金しゃちみこしパレード　38. 第43回 英傑行列くのいち隊　39. 第42回 パレードに参加するドアラ

宵まつりでは市民カブキ「S・i・S・i　Kabuki」開催

第44回 平成10年（1998）10月16～18日

雨天のため土曜日の郷土英傑行列含むパレードが中止

第45回 平成11年（1999）10月15～17日

郷土英傑行列の三姫を初めて一般公募。各百貨店の正社員とその座を土日で分け合う

特別行事として**花火大会を26年ぶり**（昭和48年の第19回以来）**に開催**

第46回 平成12年（2000）10月13～15日

三姫は再び百貨店の女性社員が2日間通して演じることに

家康隊では秀忠、家光の葵三代をはじめ徳川恩顧の大名や武士も加わる

第47回 平成13年（2001）10月12～14日

第48回 平成14年（2002）10月18～20日

郷土英傑行列に金沢こども百万石隊が参加。演じたのは金沢市味噌蔵町小学校の児童たち。前田利家の前田家の家紋「梅鉢」にちなんだ校章を持ち、利家の出身地である尾張荒子の荒子小学校と交流があることから特別参加

3年後にを迫った愛・地球博のPRパレードも開催

第49回 平成15年（2003）10月10～12日

信長役を初めて20代（当時29歳）の男性が務める

第50回 平成16年（2004）10月15～17日

名古屋まつり50回を記念して中日ドラゴンズOBが郷土英傑行列の三英傑に！　信長を谷沢健一さん、秀吉を彦野

［写真］40. 第49回 宵祭り　41. 第45回 花火大会　42. 第48回 金沢こども百万石隊　43. 第48回 愛・地球博PRパレード

利勝さん、家康を今中慎二さんが演じる。3人は松原市長とのトークイベントにも登壇するなど大活躍

第51回 平成17年（2005）5月28・29日

土日2日間開催に

愛・地球博の期間中開催にするため、初めて会期を5月に（5月28・29日）

長年親しまれた**花バスはこの年がラストラン**

第52回 平成18年（2006）10月14・15日

郷土英傑行列・家康隊に**山内一豊と妻の千代が参加**。一豊は尾張出身の武将で、NHK大河ドラマ『功名が辻』の主人公で脚光を浴び、土佐藩主だったことから高知県で公募を行う

にっぽんど真ん中祭り演舞を開催

「武将のふるさと愛知」のPR企画もこの年から恒例に

第53回 平成19年（2007）10月13・14日

信長役を歴代最年少の27歳男性が務める

郷土英傑行列にNHK大河ドラマ『風林火山』で話題の、甲斐の軍師で愛知出身といわれる**山本勘助、武田信玄の側室・由布姫が参加**。2人とも山梨県からの来名で山梨

［写真］44. 第52回 郷土英傑行列「功名が辻」山内一豊・千代　45. 第52回 にっぽんど真ん中祭り演舞
46. 第52回 子ども会みこしパレード　47. 第52回 武将のふるさと愛知

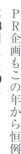

県観光PRイベントにも出演

名古屋まつりのポスターは三英傑の肖像画。以降、公式ポスターは三英傑のビジュアルが基本となる

**第54回 平成20年（2008）
10月11・12日**

郷土英傑行列に**NHK大河ドラマ『篤姫』の主人公、篤姫と薩摩11代藩主・島津斉彬が登場**

三英傑・三姫が宵の陣（帰陣式）に出演。行列終了後、栄・エンゼル広場に三英傑・三姫と少年鼓笛隊（一部）が参加。三英傑・三姫が一堂に会する場はこの場限りとあって多くの観客が押し寄せる

ナナちゃん隊も初見参！

名鉄百貨店のシンボル、ナナちゃん人形の衣装を名古屋市立桜台高等学校ファッション文化科の学生たちがデザイン、制作。その衣装をまとったナナちゃん人形が市中を練り歩く

パレードに中日ドラゴンズのマスコット、ドアラ登場

**第55回 平成21年（2009）
10月3・4日**

名古屋城天守閣再建50周年の節目にあたり**1989年以来20年ぶりに郷土英傑行列の出陣式を名古屋城内で催行**

NHK大河ドラマ『天地人』にちなみ**上杉謙信と直江兼続も参加**。和服姿の〝名古屋嬢〟たちもその勇姿を見送る

三英傑・三姫　宵の陣（帰陣式）も前年に続いて開催

この年4月の市長選で当選した河村たかし新市長が登壇

公式ガイドブックに「武将都市ナゴヤ」のキャッチフレーズが

**第56回 平成22年（2010）
10月16・17日**

［写真］48. 第56回 子ども会みこしパレード金シャチ　49. 第56回 有松・鳴海しぼり隊　50. 第54回戦国武将 ナナちゃん

名古屋開府四百年

桶狭間の戦い450年を記念し、桶狭間古戦場保存会による**「近世の曙隊」**が、有松・鳴海絞400年を記念して絞りの浴衣を着用した女性らによる**「有松・鳴海しぼり隊」**がパレードに参加

久屋広場で「名古屋グルメ大集合」開催。この年以降、**名古屋めし推しのグルメ企画が定番となる**

第57回 平成23年（2011）10月15・16日

郷土英傑行列に**NHK大河ドラマ『江～姫たちの戦国～』にちなんで清須市、滋賀県から浅井三姉妹が参加**

郷土英傑行列は雨天のため土曜日は中止

英傑行列終了後、**「三英傑大須そぞろ歩き」を実施。**以降、定番企画に

「ご当地武将隊大集合」に全国10団体が参加

この年2月に起こった東日本大震災の復興支援企画として復興食堂を開設

久屋広場で「でらうま名古屋ご当地グルメひろば」開催

第58回 平成24年（2012）10月20・21日

「三英傑大須の花道」開催

前年からの「ご当地武将隊大集合」に「ご当地アイドル&ご当地ヒーロー」が加わる

「ソーシャルタワーマーケット」（久屋大通公園）、「なごや観光文化ごえん市」（オアシス21銀河の広場）など多彩な関連企画が組まれる

第59回 平成25年（2013）10月19・20日

郷土英傑行列は日曜日の行列が雨天中止。日曜日の中止は昭和50年以来、38年ぶり三度目

名古屋おもてなし武将隊が

［写真］51. 第60回 宵の山車揃　52. 第57回 でらうま名古屋ご当地グルメひろば　53. 第58回 わっしょい太鼓祭り in 名古屋まつり

フラワーカーパレードに参加。以後、恒例に

名古屋おもてなし武将隊による「祝い菓子まき」開催

第60回 平成26年（２０１４）
10月17～20日

郷土英傑行列で初めて女性が三英傑に。信長、秀吉を女性が演じる

ＮＨＫ大河ドラマ『軍師官兵衛』にちなんで黒田官兵衛隊が特別参加

山車揃は、通常の日中曳行に加えて、提灯を点灯する**「宵の山車揃」を開催。**夕刻、東照宮付近で提灯をつけて本町通りをねり歩き、名古屋城でからくり演技を披露

ポスターに使用される三英傑のイラストをお笑いタレント、オリエンタルラジオの中田敦彦がデザイン。「名古屋まつり」の題字をタレントの高田純次が揮毫

「大須大道町人まつり」（10月11・12日）が初めて「名古屋まつり」と開催日をずらす（以降は一週早い年、同日開催の年があり）

第61回 平成27年（２０１５）
10月17・18日

郷土英傑行列では**信長が初めて桶狭間の戦いの前に演じたといわれる敦盛を能楽師とともに披露**

ご当地武将隊、忍者隊による演武＆トークショー開催

第62回 平成28年（２０１６）
10月15・16日

東京ディズニーシー® 15周年スペシャルパレード

リオ２０１６パラリンピック日本代表がスポーツ・文化パレードに参加

桶狭間古戦場保存会「近世の曙隊」が長槍をもって行進

フラワーカーパレードに前年現役引退した元中日ドラゴ

［写真］54. 第 60 回 織田信長　55. 第 60 回 豊臣秀吉　56. 第 53 回 久屋大通会場オープニングセレモニー
57. 第 62 回 桶狭間古戦場保存会「近世の曙隊」

ンズ・山本昌さんが参加

久屋大通公園に徳川家康城下町と豊臣秀吉城下町、オアシス21に織田信長城下町が登場

第63回 平成29年（２０１７）10月21・22日

郷土英傑行列の千姫を、松坂屋名古屋店公式応援サポーターであるご当地アイドルユニット「dela《デラ》」の沢井里奈さんが選ばれた

台風の影響で行列は2日とも中止。両日とも行われないのは昭和天皇の病状悪化のため中止となった昭和63年の第34回以来、29年ぶり

名古屋城会場での宗春道中は催行

この年オープンしたレゴランド®・ジャパンによるキャラクターのスペシャルショー、「レゴランド®・ジャパン A wonderful journey」がオアシス21で開催

第64回 平成30年（２０１８）10月20・21日

郷土英傑行列の三英傑役は、中止になった前年の3名がくり越しで担当

三英傑のOB会・英傑会が行列に参加

朝鮮通信使隊がスポーツ・文化パレードに参加

東京ディズニーリゾート®35周年スペシャルパレード開催

同年の名古屋城金シャチ横丁オープン、本丸御殿完全公開を記念し名古屋城金シャチ隊がパレードに参加

コスプレホストタウンPR隊、コスプレアイドルPR隊がパレードに参加

第65回 令和元年（２０１９）10月19・20日

名古屋まつり第65回記念企画「戦国時代・武家文化の仮

［写真］58. 第 65 回戦国時代、武家文化の仮装・コスプレ和装に約 200 名が参加　59. 第 64 回 コスプレホストタウン PR 隊　60. 第 63 回 名古屋城会場「宗春道中」

装・コスプレ」がパレードに参加

記念企画「宵の山車揃」雨で中止

第66回 令和2年（2020）

新型コロナウイルス感染拡大の影響で中止

第67回 令和3年（2021）

新型コロナウイルス感染拡大の影響で中止

第68回 令和4年（2022）
10月15・16日

3年ぶりの開催

三英傑の募集に一般公募以来最多の102人が応募

郷土英傑行列は演技を行わず行進のみで開催

郷土英傑行列の少年鼓笛隊の他、山車揃、子ども会みこしパレードは中止

オンライン配信を初めて実施

第69回 令和5年（2023）
10月21・22日

三英傑の応募者数が103人と2年連続最多記録を更新

4年ぶりの通常開催で例年と変わらない160万人以上を動員

［写真］61. 第60回シャチばやし隊　62. 第60回なごや麺まつり＆酒フェスタ　63. 第63回名古屋城会場宗春ステージ　64. 第64回英傑会

名古屋まつりはこれを見る＆楽しむ！

写真提供＝名古屋市

名古屋まつりは郷土英傑行列以外にも見どころがいっぱい。名古屋の多彩な文化にふれられる主な見どころ、行事を紹介する。

山車揃 ①

まつり行列絵巻の中でも郷土英傑行列と合わせて見逃せないのが山車揃。名古屋市指定文化財の貴重な山車9輌が街をねり歩き、からくり人形の演技を披露する。2024年は、初日19日（土）の日中は本町通を、夜は出来町通～東亀甲広場を曳行する。

神楽揃

獅子頭を納めた神楽屋形は、主に名古屋市南部に見られるこの地域ならではの文化財。まつり2日目の名古屋まつり行列に参加する。

棒の手公演（郷土芸能祭） ②

木製の棒、竹刀、太刀、十手、槍などを使った奉納武術。名古屋まつりでは第1回から披露されている。名古屋には無形民俗文化財指定のいくつもの流派があり、迫力ある伝統演技を

①

唐子車《からこしゃ》（中村区）

文政年間（1818～1830）制作でからくりはその当時のもの

二福神車《にふくじんしゃ》（中村区）

恵比寿、大黒のからくり競演、幕の刺繍が見どころ

紅葉狩車《もみじがりしゃ》（中村区）

先提灯に徳川家の葵の紋。からくりは能「紅葉狩」の所作の写し

福禄寿車《ふくろくじゅしゃ》（中区）

福禄寿はじめ４体の人形が乗り小唐子・中唐子が多彩な動きを見せる

河水車《かすいしゃ》（東区）

豪華な彫り、塗り、金具が特長。２体の人形の衣装と演技も美しい

鹿子神車《かしかじんしゃ》（東区）

からくり人形は３体。逆立ち、太鼓、大将の軍配とユニークな演技

王羲之車《おうぎししゃ》（東区）

獅子頭をつけた小唐子が親唐子の肩の上で逆立ちする

神皇車《じんこうしゃ》（東区）

からくりは巫女から鬼面、龍神と様変わり。水引幕も見事

湯取車《ゆとりぐるま》（東区）

水引幕は江戸初期作。からくりは湯取り神事の写しで紙吹雪が舞う

披露する。

芸能公演（郷土芸能祭）③

芸どころ名古屋にふさわしい伝統芸能の競演。尾張藩が開府した江戸時代以降伝わる妙技の数々が披露される。

シスターシティ・フェスティバル④

名古屋市の姉妹友好都市6都市（ロサンゼルス市・メキシコ市・南京市・シドニー市・トリノ市・ランス市）各国の文化を紹介する異国情緒あふれるステージ。

この道ひとすじ「尾張名古屋の職人展」⑤

衣食住生活の分野で活躍する職人がその技を披露する。きしめんの手打ち実演、左官の体験など、見て、聞いて、買って、体験して、地域のモノづくりを知ることができる。

名古屋ユースパワーステージ⑥

学生を中心に名古屋の若者たちによるパフォーマンスステージ。チアリーディング、ダンス、音楽など若さあふれる演技、演奏を披露する。

ご当地武将隊による演武&トーク

名古屋おもてなし武将隊をはじめ全国各地の武将隊が出演。ふるさと自慢、味自慢、観光自慢を競い合う。

にっぽんど真ん中祭り演舞

名古屋の夏を熱くする〝どまつり〟が秋の名古屋も熱くする。8月の本大会で高い評価を受けたグループが出演し、エネルギッシュな舞を披露する。

名古屋城秋まつり

10月上旬～11月下旬開催。西の丸御蔵城宝館での特別展、菊愛好家が育てた菊が城内を彩る菊花大会など開催。名古屋まつり当日は入場無料となる。

②

③

④

⑤

⑥

名古屋まつり当日（日曜日）は
市内施設の多くが無料開放！

名古屋城（土曜日も）、徳川園、文化のみち二葉館、文化のみち橦木館、名古屋市美術館（常設展）、名古屋市科学館、東山動植物園・東山スカイタワーなど

※イベントの内容が変更になる場合がございます。最新のイベント情報は名古屋まつり公式ホームページでご確認ください。

名古屋まつり観覧ガイド 2024

名古屋まつり行列は10月19日（土）が名古屋駅〜栄〜矢場町ルートで、参加するのはフラワーカーパレード、ナナちゃん隊、郷土英傑行列の3組。

10月20日（日）は市役所〜栄〜矢場町ルートで、山車揃、神楽揃、子ども会みこしパレード、フラワーカーパレード、東京ディズニーリゾート®スペシャルパレード、姉妹友好都市親善パレード、ナナちゃん隊、スポーツ・文化パレード、郷土英傑行列がフル参加する。

情報提供＝名古屋市　地図＝地理院地図 Vectorを元に作成

Q3 「名古屋まつり」を観に行ったことがありますか？

毎年のように行っている・・・12・6%
何度か行ったことがある・・・64・4%
行ったことがない・・・23%

「毎年のように行っている」「何度か行ったことがある」を足すと**8割近くが名古屋まつり体験者**。ただし回答者の中心がミドル～シニア世代のため、この世代の関心の高さを次世代につないでいくことが重要だとも考えられる。

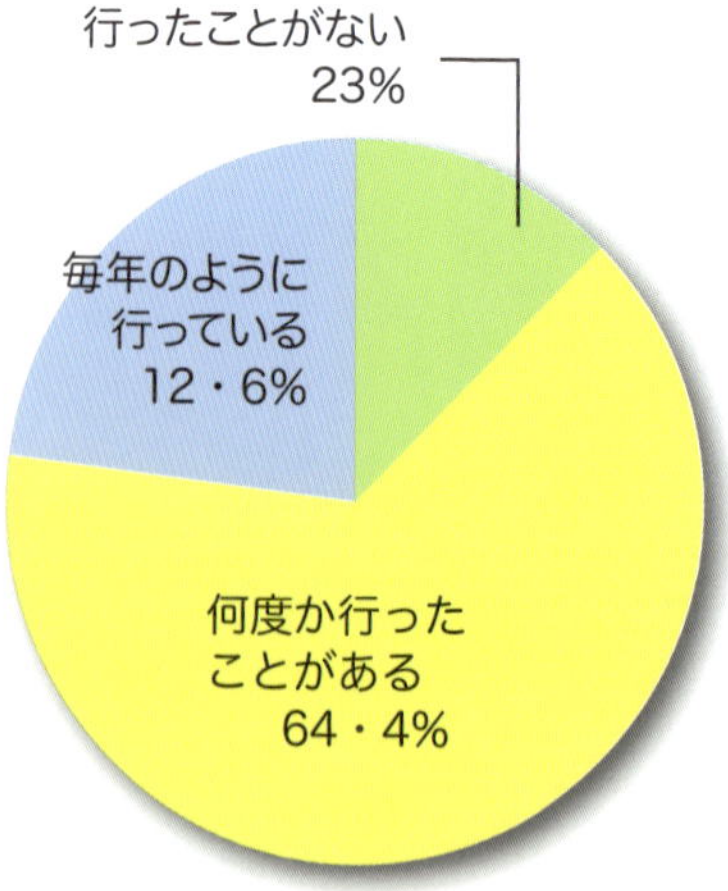

Q4 三英傑の中で誰が一番好きですか？

織田信長と徳川家康がほぼ人気を二分。かつては「人気がない」といわれた家康の健闘が光った。名古屋おもてなし武将隊や近年の大河ドラマの影響か？　世代的な傾向としては、**「信長」派は60代以上40票、50代10票**に対し、**「家康」派は60代28票、50代19票**と、家康派はやや若いという結果に。一方、支持が集まらなかった**「秀吉」派は世代別では40代が7票と最も多かった**。2026年の大河ドラマで人気挽回なるか？

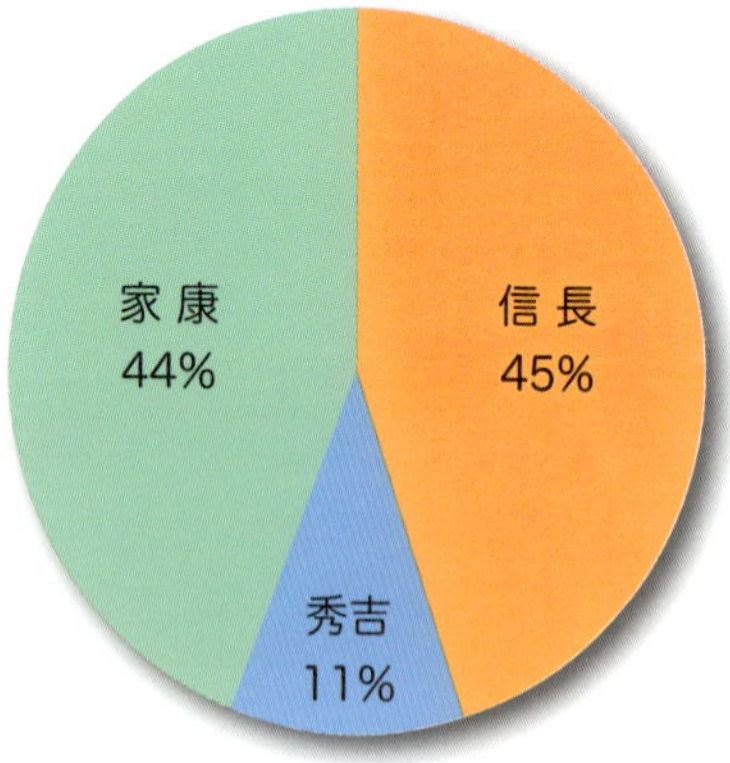

まとめ

設問3の結果からも分かるように、名古屋まつりに足を運んでいる地元民は非常に多い。特に中高年には秋の風物として広く認知されている。三英傑については勇将・信長の人気をシニア層が支え、家康がそれより下の世代の支持に盛り立てられて猛追。秀吉はさらに下の世代から“推し”を獲得して巻き返しを図る…といったところ。秀吉の人気の取りこぼしは、すなわち名古屋まつりの人気の伸びしろといえる、かも(？)

※この調査はGoogleフォームを利用してWebアンケートを行いました。
ご回答くださった皆さま、ありがとうございました。

名古屋まつり＆三英傑

見たことある?

意識調査

誰が好き?

あなたは名古屋まつりを見たことがある？　三英傑では誰が好き？　名古屋在住・在勤・在学の人を対象にアンケート調査。135人の回答から見えてくるそれぞれの人気の傾向とは？

Q1 名古屋市「在住」「在勤」「在学」ですか？

はい・・・88・9%

いいえ・・・11・1%

アンケートは“在”名古屋人を対象としたが、外部の人がおよそ1割。名古屋外の人も、名古屋まつりに関心のある人ととらえ、回答は反映させることにした。

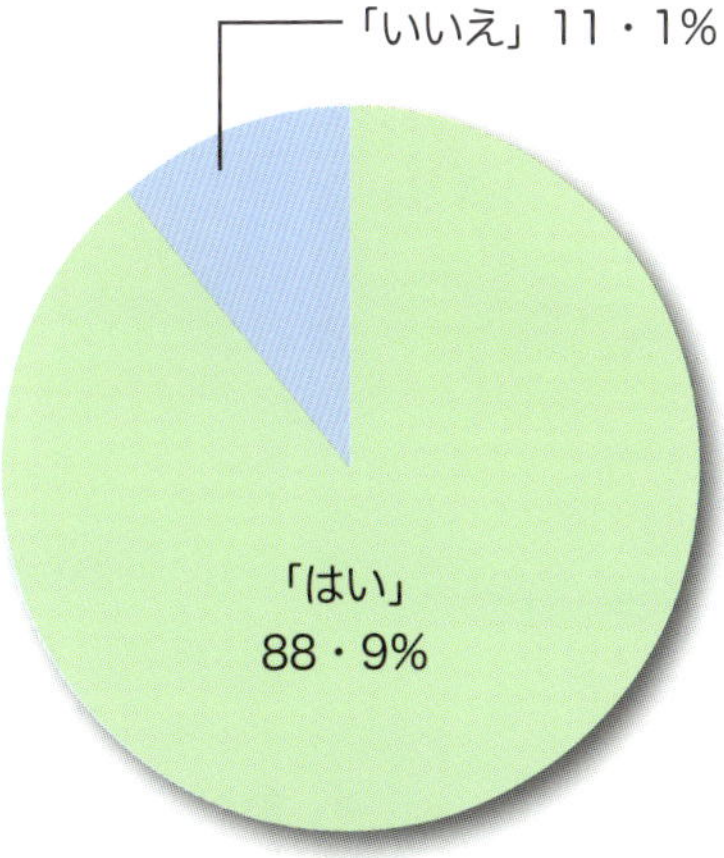

Q2 あなたの年齢を教えてください

20代以下・・・3・7%

30代・・・5・9%

40代・・・17・8%

50代・・・22・2%

60代以上・・・50・4%

回答者の半数が60代以上。これに40代、50代を足すと9割を占める。**ミドル～シニア世代以上が主に名古屋まつりに関心を抱いている**ことがうかがえる。

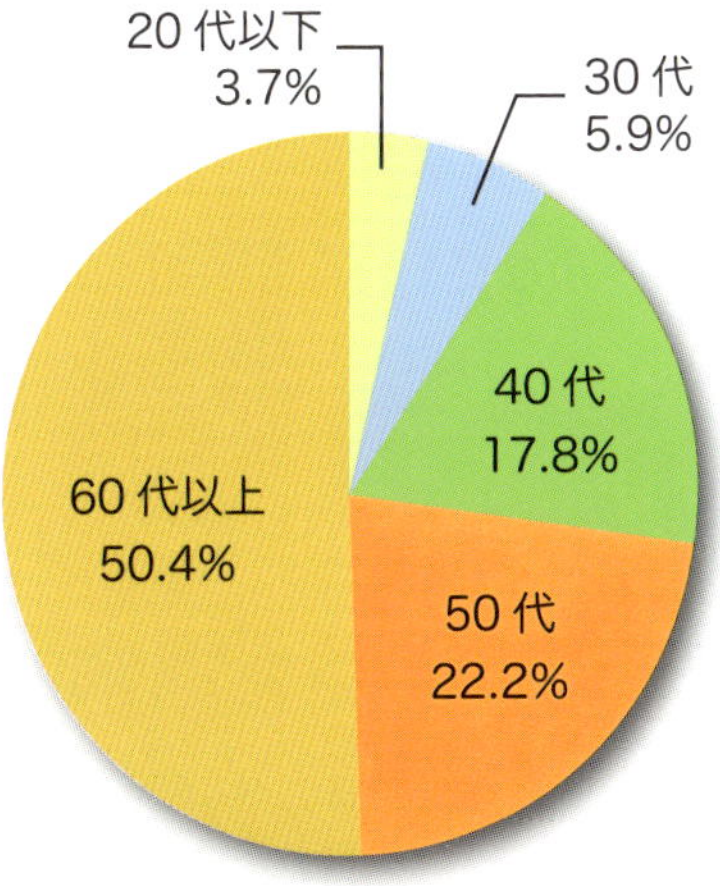

名古屋まつりフォトギャラリー ポスター編

名古屋まつり第1回からの歴代ポスターを一挙公開！ 毎回ほぼイラストで、写真を全面に使用しているのは第15回のみ。平成19年以降は三英傑にフィーチャーしたデザインになり、著名なイラストレーターを起用したものも多い。

※右下の数字は開催回数

写真提供＝名古屋市

1

2

3

4

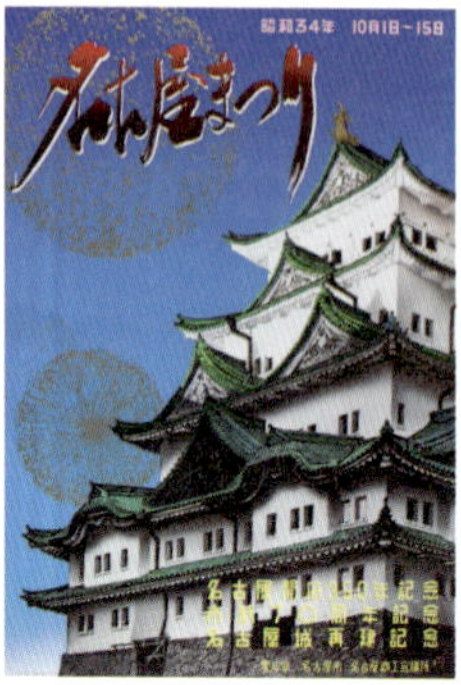

5

6

7

8

9

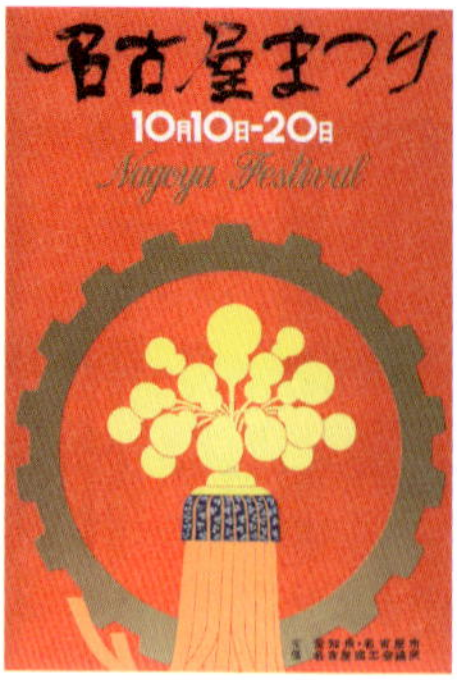

10

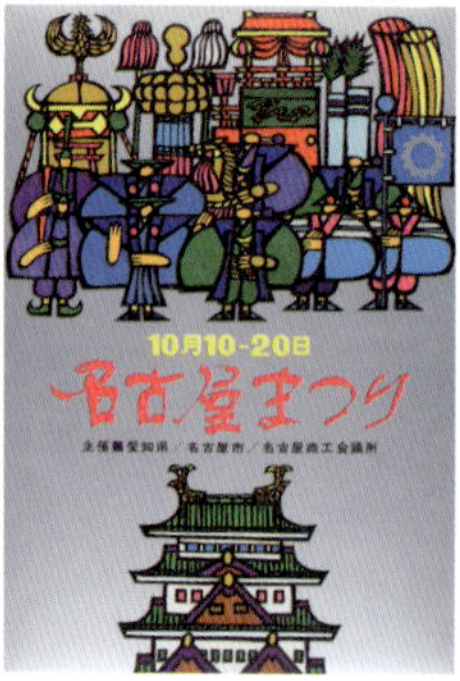

11

12

13

17

16

15

14

21

20

19

18

25

24

23

22

29

28

27

26

30

31

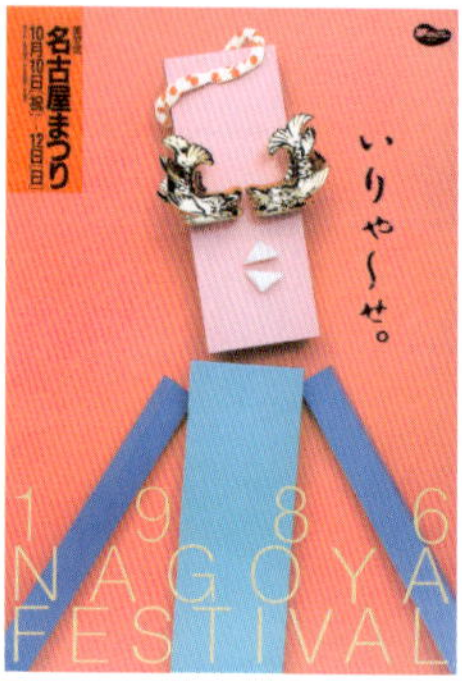

32

33

34

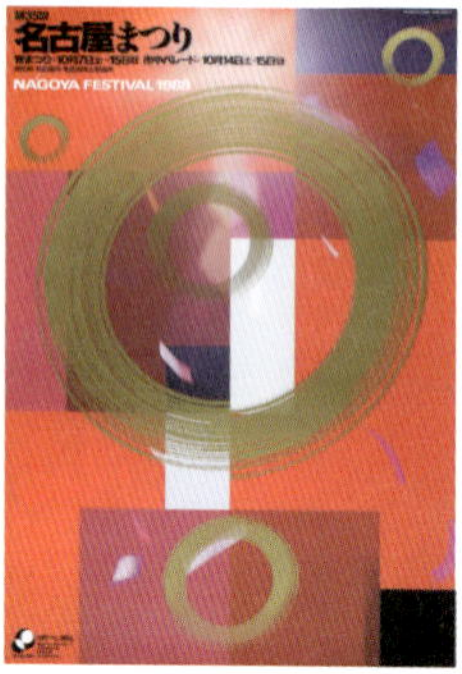

35

36

37

38

39

40

41

42

43

44

45

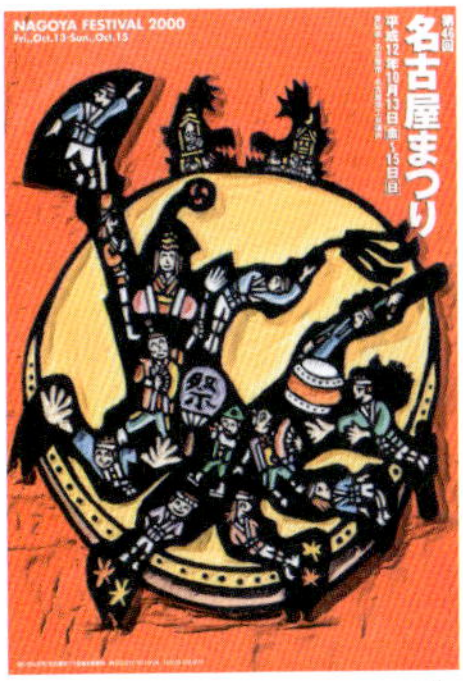

46

47

48

49

50

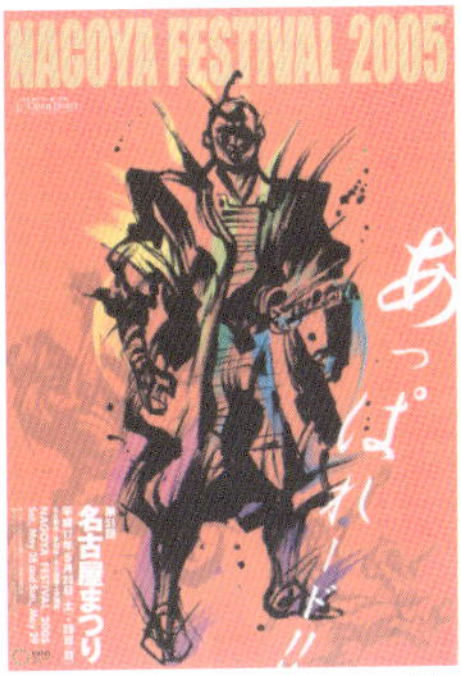

51

52

53

54

54

54

55

56

57

58

59

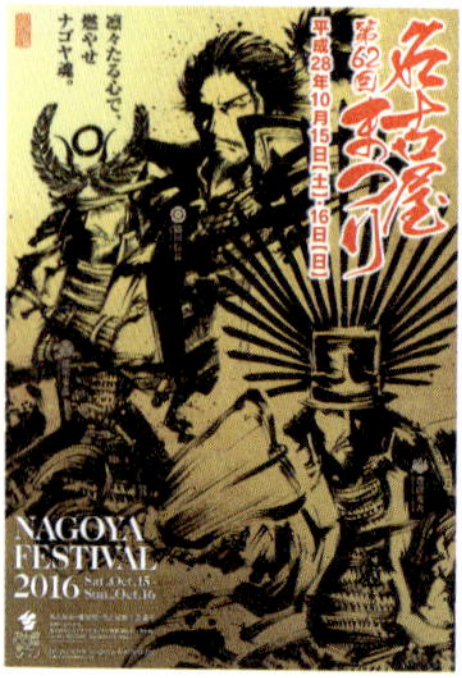

62

61

60

60

68

65

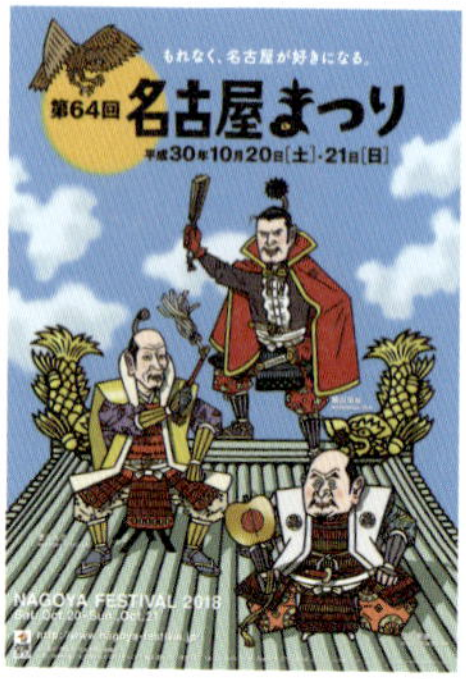

64

63

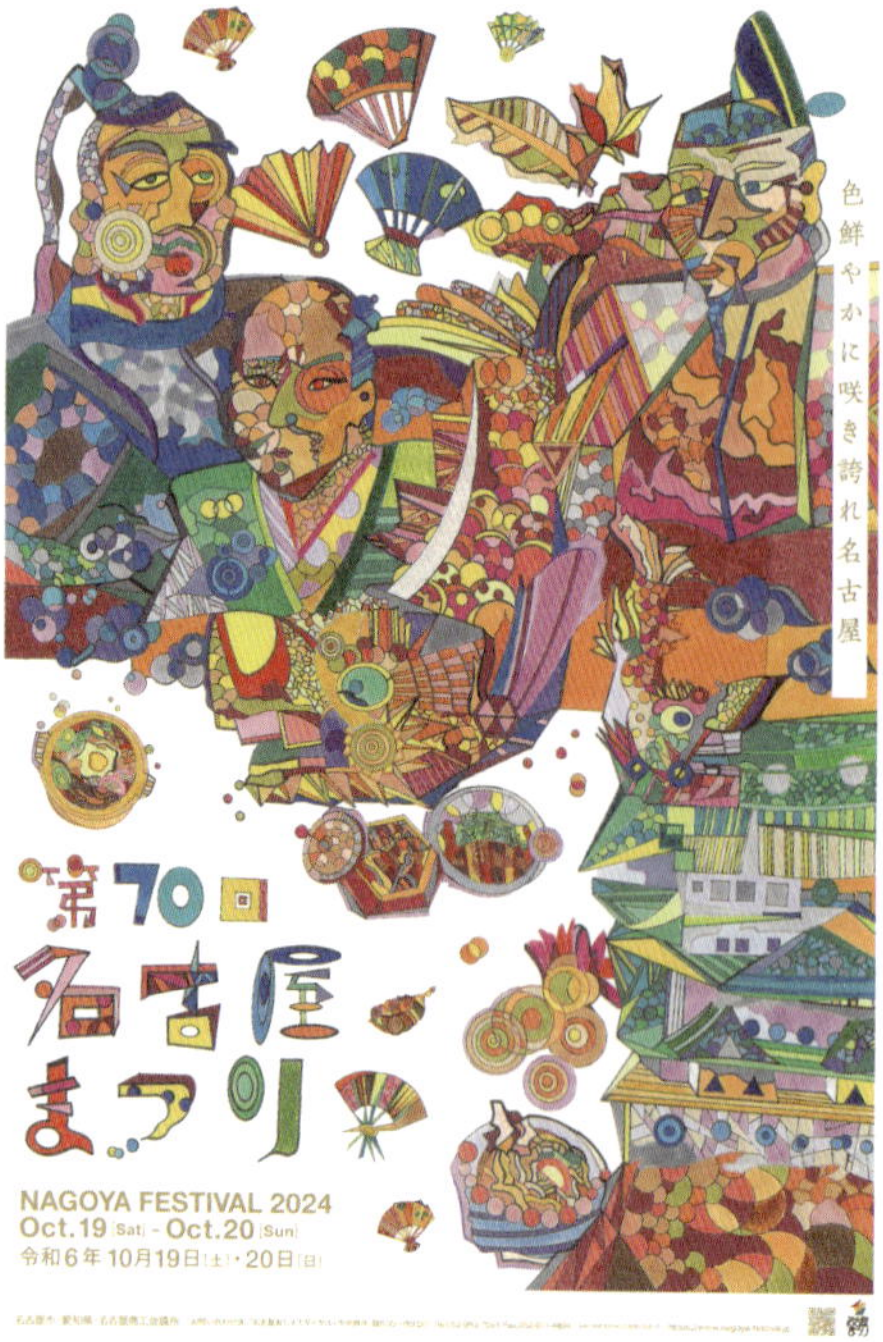

70

69

名古屋まつりフォトギャラリー グラフ誌編

写真提供＝名古屋市

関係者向けに制作している記録写真集＝グラフ誌。表紙は、初期の写真から第39回以降イラストに。第45回以降はポスターのイラストをそのまま表紙に使用している。第60回以降のものは鶴舞中央図書館で閲覧できる。

※右下の数字は開催回数

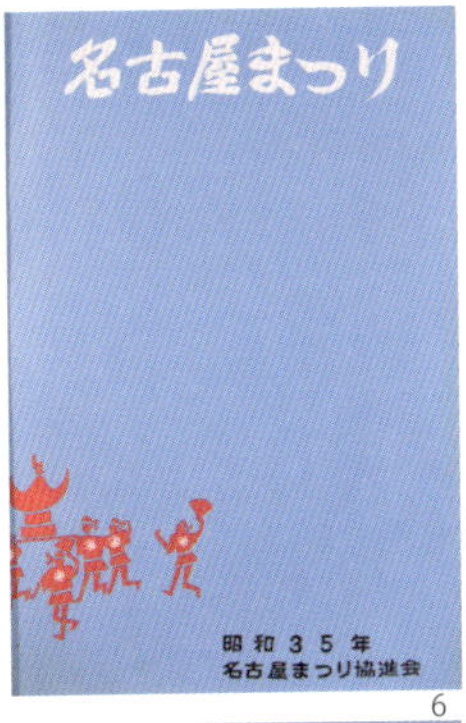

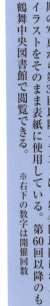

6

9

10

11

12

13

14

15

16

17

18

19

20

24

23

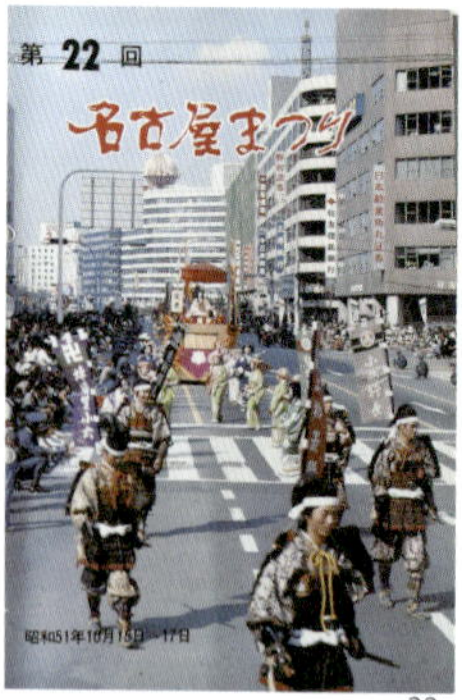

22

21

28

27

26

25

32

31

30

29

36

35

34

33

40

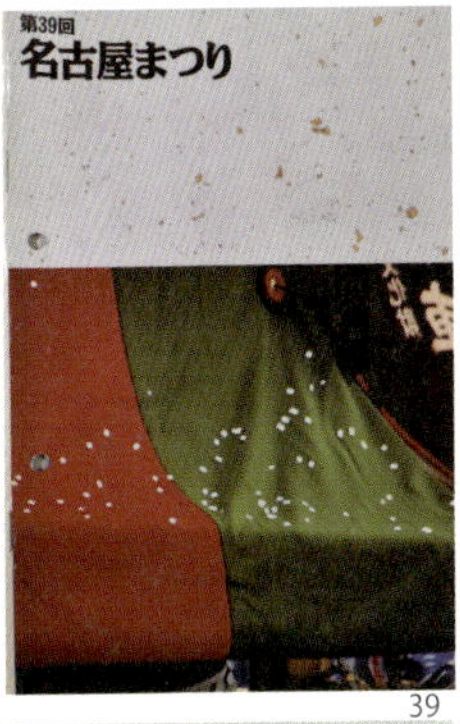

39

38

37

44

43

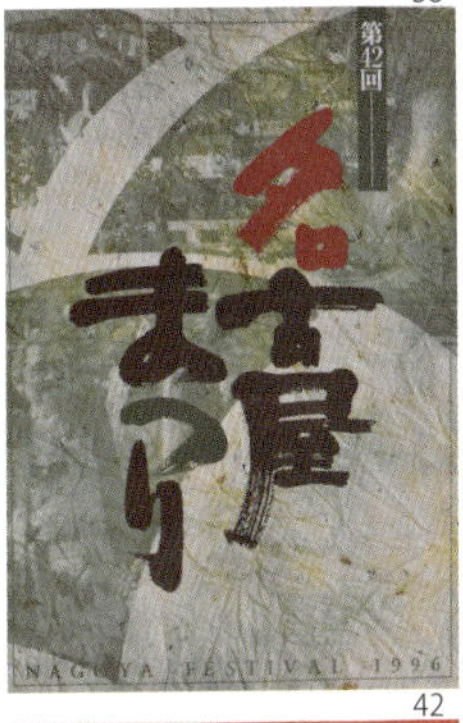

42

41

48

47

46

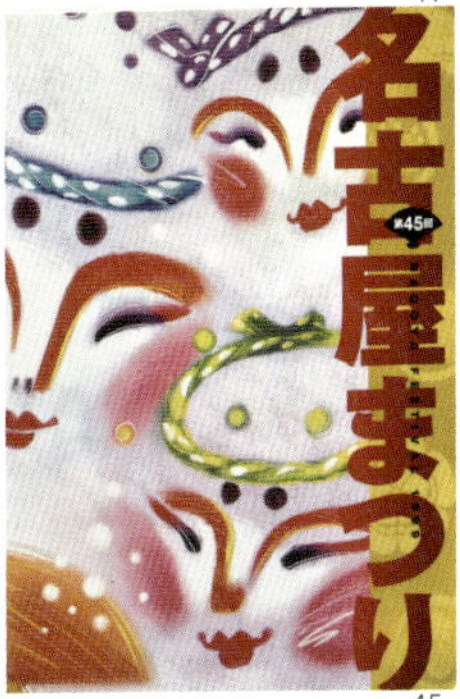

45

52

51

50

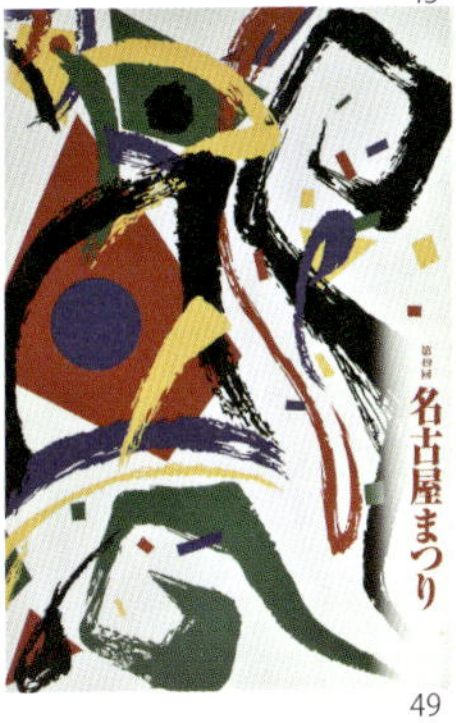

49

56

55

54

53

60

59

58

57

64

63

62

61

69

68

65

II 愛されつづける三英傑

英傑会って何だ？

新・英傑にとって頼れる先輩経験者の集まり

「英傑会」は名古屋まつり郷土英傑行列の歴代三英傑のOB会。2024年春の時点で31人が登録されている。入会は任意のため、歴代の全英傑がメンバーであるわけではない。

活動は春、秋の定例会の他、三英傑の決定・発表後の壮行会も。実はこれがとても重要な役割を担っている。

「英傑役に決まってから、まつり当日まで特に準備はありません（信長役は能の稽古あり）。市関係者からも、英傑としてどう振る舞うかのレクチャーはほぼ何もない。替わりに英傑会の先輩方が、心構えや振る舞い方、観客とのコミュニケーションの取り方などを教えてくれたのが非常にありがたく心強かった」

というのはある年の英傑OB。ほとんどの会員から同様の声は聞かれてくる。その信頼感は絶大だ。

公募制スタートの5年後に発足

英傑会のメンバーは自分が演じた英傑を名乗る際、「第○代」と冠する。例えば第69回名古屋まつりで家康を演じた長谷川享平さんは「第四十七代徳川家康」を名乗っている。

年数にギャップがあるのは、まつりの初回から英傑会が存在していたのではなく、しばらく後に発足したから。昭和52（1977）年の第23回名古屋まつりの三英傑が、英傑会にとっての初代となる。

この年は三英傑の選出が、初期の推挙制から一般公募制に切り替わった昭和48（1973）年から5年後。公募制導入当時の資料を見ると、「今年はまつりはじまって以来はじめて主役の三英傑を市民から募集」（『名古屋まつりグラフ』昭和48年版）、「三英傑は、去年にひきつづき市民から募集」（同昭和49年版）とあり、この時点で永続的に公募制をとるとは名言されていない。名古屋市としてもどの程度の応募者がいるか予測しにくく、当面は試験導入というつもりもあったのだろう。

いざふたを開けてみると応募者は初回78名、2回目65名と選りすぐるに十

春と秋の例会が恒例行事。令和4年10月の例会には河村たかし名古屋市長も参加した。入会時にあつらえる陣羽織の着用が決まり。ちなみに一着およそ6万円

分な応募があったため、公募制を基本にすることになったと思われる。正式な記録は残っていないが、この方針が定まってしばらく後に、OB会である英傑会も発足したようだ。

姫の交代にひと役　悲願のパレード参加も実現

発足からさらに5年後の昭和57（1982）年に家康を務めたのが、札幌かに本家会長の日置達郎さん（当時は社長）。会食にもふさわしいかに料理専門店が利用しやすくなったことで、メンバーの交流も活発になっていった。

歴史にも造詣が深く、名古屋まつりへの愛情もひと一倍の日置さんは、郷土英傑行列の役柄の変更にもひと役を買う。かつて秀吉のパートナーは淀君だったが、平成8（1996）年に正室の北政所＝ねねに交代している。これは日置さんの提案があってのことである。

また、冒頭のような新英傑に対する献身的なサポートなどの功績が認められ、平成30（2018）年には名古屋英傑行列への参加も実現。歴代OBらが行列に随行し、その年の三英傑を見守る格好となっている。

謎めいたイメージの理由と　本当の存在意義とは？

そんな英傑会がちょっと謎めいた存在のように思われるのにはいくつか理由がある。初期の推挙制の時代は選考方法がブラックボックス化され、人選の方法はベールに包まれていた。公募制に切り替わった後も、地元企業のトップなど〝偉い人〟がやるというイメージは強く、三英傑役＝やり手のオジさんたち、と見る向きもあっただろう。

だが、その実態は、積極的で多彩な実績を持つ多士済々の集まりで、何より〝英傑にふさわしい〟とのお墨付きをもらった人物たちの組織である。当然、名古屋愛にあふれ、地域を盛り立てたいとの思いは、英傑の座を射止めた時から変わらず持ち続けている。いわば〝名古屋版ライオンズクラブ〟ともいうべき存在といえるかもしれない。

何よりまつりを盛り立てようとするOB組織が存在することこそまつりの伝統そのもの。名古屋まつりが市民による市民のための行事として今後も盛り上がっていくためにも、その存在はいっそう重要になっていくではあるまいか。

長年の悲願だった名古屋まつり郷土英傑行列への参加を平成30（2018）年に実現。メンバーが行列に加わる

1955-2019
名古屋まつり
郷土英傑行列「三英傑」揃

写真提供＝名古屋市および名古屋市発行のグラフ誌より

第1回 英傑行列

第1回～第10回　昭和30年～39年（1955～1964）

第4回 英傑行列

第4回 英傑行列

第3回 英傑行列

第10回 英傑行列

第7回 英傑行列

第6回 信長

第8回 家康

第8回 秀吉

第8回 信長

第9回 家康

第9回 秀吉

第9回 信長

第11回～第15回　昭和40年～44年（1965～1969）

第 11 回 家康

第 11 回 秀吉

第 11 回 信長

第 13 回 英傑行列

第 12 回 英傑行列

第 13 回 家康

第 13 回 秀吉

第 13 回 信長

第 14 回 家康

第 14 回 秀吉

第 14 回 信長

第 15 回 家康

第 15 回 秀吉

第 15 回 信長

第16回～第20回　昭和45年～49年（1970～1974）

第 16 回 家康

第 16 回 秀吉

第 16 回 信長

第 17 回 家康

第 17 回 秀吉

第 17 回 信長

第 18 回 家康

第 18 回 秀吉

第 18 回 信長

第 19 回 家康

第 19 回 秀吉

第 19 回 信長

第 20 回 家康

第 20 回 秀吉

第 20 回 信長

郵便はがき

料金受取人払郵便

名古屋中局
承認

9014

差出有効期間
2026年9月29日
まで

460-8790

101

名古屋市中区大須
1-16-29

風媒社 行

注文書◉このはがきを小社刊行書のご注文にご利用ください。

書　名	部数

郵便振替同封でお送りします（1500円以上送料無

風媒社 愛読者カード

書　名

本書に対するご感想、今後の出版物についての企画、そのほか

お名前　　　　　　　　　　　　　　　　　　　　　　　　（　　　歳）

ご住所（〒　　　　　　　　　　）

お求めの書店名

本書を何でお知りになりましたか

①書店で見て　　②知人にすすめられて

③書評を見て（紙・誌名　　　　　　　　　　　　　　　　　　　　）

④広告を見て（紙・誌名　　　　　　　　　　　　　　　　　　　　）

⑤そのほか（　　　　　　　　　　　　　　　　　　　　　　　　　）

＊図書目録の送付希望　□する　□しない

＊このカードを送ったことが　□ある　□ない

風媒社 新刊案内

2025年
6月

写真とイラストでみる 愛知の昭和40年代

長坂英生 編著

あの頃にタイムスリップ！高度経済成長で世の中が大きく変貌しつつあった昭和40年代。愛知の風景、風俗、人々の表情などを写真とイラストで振り返る。　1800円＋税

名古屋地名さんぽ

杉野尚夫

どうしてこんな名前になった？地名をひもとけば、いつもの街が新しく見えてくる！土地の記憶と未来を知るための20のストーリー。　1800円＋税

名古屋駅西タイムトリップ

林浩一郎 編著

戦後名古屋の基盤となった〈駅裏〉の姿を、貴重写真と証言で生き生きと描き出す。この地に刻まれた記憶が未来をひらく！　1800円＋税

〒460-0011
名古屋市中区大須 1-16-29
風媒社
電話 052-218-7808
http://www.fubaisha.com/
［直販可　1500円以上送料無料］

名古屋で見つける化石・石材ガイド

西本昌司

地下街のアンモナイト、赤いガーネットが埋まる床……世界や日本各地からやってきた石材には、地球や街の歴史が秘められている。

1600円+税

ぶらり東海・中部の地学たび

森 勇一／田口一男

災害列島日本の歴史や、城石垣を地質学や岩石学の立場から読み解くことで、観光地や自然景観を〈大地の営み〉の視点で探究する入門書。

2000円+税

名古屋発 日帰りさんぽ

溝口常俊 編著

懐かしい風景に出会うまち歩きや、公園を起点にするディープな歴史散策、鉄道途中下車の旅など、歴史と地理に詳しい執筆者たちが勧める日帰り旅。

1600円+税

近鉄駅ものがたり

福原トシヒロ 編著

駅は単なる乗り換えの場所ではなく、地域の歴史や文化への入口だ。そこには人々の営みが息づいている。元近鉄名物広報マンがご案内！

1600円+税

愛知の駅ものがたり

藤井 建

数々の写真や絵図のなかからとっておきの1枚引き出し、その絵解きをとおして、知られざる愛知の鉄道史を掘り起こした歴史ガイドブック。

1600円+税

伊勢西国三十三所観音巡礼

◉もう一つのお伊勢参り

千種清美

伊勢神宮を参拝した後に北上し、三重県桑名の多度大社周辺まで、39寺をめぐる初めてのガイドブック。ゆかりの寺を巡る、新たなお伊勢参りを提案！

1600円+税

名古屋から消えたまぼろしの川と池

前田栄作

今はなき水辺の面影を求めて――。ビルの建ち並ぶ繁華街や多くの自動車が行き交う道路にも、かつては長閑な田園が広がり、水を湛えた川や池があった。

1600円+税

古地図で楽しむ駿河・遠江
加藤理文 編著
古代寺院、戦国武将の足跡、近世の城とまち、災害の爪痕、戦争遺跡、懐かしの軽便鉄道……。
1600円＋税

古地図で楽しむ三重
目崎茂和 編著
江戸の曼荼羅図から幕末の英国海軍測量図、「大正の広重」吉田初三郎の鳥瞰図…多彩な三重の姿。
1600円＋税

岐阜地図さんぽ
今井春昭 編著
観光名所の今昔、消えた建物、盛り場の変遷、飛山濃水の文学と歴史……地図に隠れた岐阜。
1600円＋税

古地図で楽しむ岐阜 美濃・飛騨
美濃飛騨古地図同攷会／伊藤安男 監修
多彩な鳥瞰図、地形図、絵図などをもとに、地形や地名、人々の営みの変遷をたどる。
1600円＋税

明治・大正・昭和 名古屋地図さんぽ
溝口常俊 監修
廃線跡から地形の変遷、戦争の爪痕、自然災害など、地図に刻まれた名古屋の歴史秘話を紹介。
1700円＋税

古地図で楽しむなごや今昔
溝口常俊 編著
絵図や地形図を頼りに街へ。人の営み、風景の痕跡をたどると、積み重なる時の厚みが見えてくる。
1700円＋税

古地図で楽しむ尾張
溝口常俊 編著
地図をベースに「みる・よむ・あるく」——尾張謎解き散歩の勧め。ディープな歴史探索のお供に。
1600円＋税

古地図で楽しむ三河
松岡敬二 編著
地域ごとの大地の記録や、古文書、古地図、古絵図に描かれている情報を読み取る。
1600円＋税

古地図で楽しむ近江
中井 均 編著
日本最大の淡水湖、琵琶湖を有し、様々な街道を通して東西文化の交錯点になってきた近江。
1600円＋税

地図で楽しむ京都の近代
上杉和央／加藤政洋 編著
地形図から透かし見る前近代の痕跡、あったかもしれない景観、80年前の盛り場マップ探検。
1600円＋税

古地図で楽しむ金沢
本康宏史 編著
加賀百万石だけではない、ユニークな歴史都市・金沢の知られざる姿を読み解く。
1600円＋税

第21回～第25回　昭和50年～54年（1975～1979）

第 21 回 家康

第 21 回 秀吉

第 21 回 信長

第 22 回 家康

第 22 回 秀吉

第 22 回 信長

第 23 回 家康

第 23 回 秀吉

第 23 回 信長

第 24 回 家康

第 24 回 秀吉

第 24 回 信長

第 25 回 家康

第 25 回 秀吉

第 25 回 信長

第26回～第30回　昭和55年～59年（1980～1984）

第 26 回 家康

第 26 回 秀吉

第 26 回 信長

第 27 回 家康

第 27 回 秀吉

第 27 回 信長

第 28 回 家康

第 28 回 秀吉

第 28 回 信長

第 29 回 家康

第 29 回 秀吉

第 29 回 信長

第 30 回 家康

第 30 回 秀吉

第 30 回 信長

第31回～第35回　昭和60年～平成元年（1985～1989）

第 31 回 家康

第 31 回 秀吉

第 31 回 信長

第 32 回 家康

第 32 回 秀吉

第 32 回 信長

第 33 回 家康

第 33 回 秀吉

第 33 回 信長

第 35 回 家康

第 35 回 秀吉

第 35 回 信長

※第 34 回は昭和天皇の病状悪化のため中止

第36回～第40回　平成2年～6年（1990～1994）

第 36 回 家康

第 36 回 秀吉

第 36 回 信長

第 37 回 家康

第 37 回 秀吉

第 37 回 信長

第 38 回 家康

第 38 回 秀吉

第 38 回 信長

第 39 回 家康

第 39 回 秀吉

第 39 回 信長

第 40 回 家康

第 40 回 秀吉

第 40 回 信長

第41回～第45回　平成7年～11年（1995～1999）

第 41 回 家康

第 41 回 秀吉

第 41 回 信長

第 42 回 家康

第 42 回 秀吉

第 42 回 信長

第 43 回 家康

第 43 回 秀吉

第 43 回 信長

第 44 回 家康

第 44 回 秀吉

第 44 回 信長

第 45 回 家康

第 45 回 秀吉

第 45 回 信長

第46回～第50回　平成12年～16年（2000～2004）

第 46 回 家康

第 46 回 秀吉

第 46 回 信長

第 47 回 家康

第 47 回 秀吉

第 47 回 信長

第 48 回 家康

第 48 回 秀吉

第 48 回 信長

第 49 回 家康

第 49 回 秀吉

第 49 回 信長

第 50 回 家康

第 50 回 秀吉

第 50 回 信長

第51回～第55回　平成17年～21年（2005～2009）

第 51 回 家康

第 51 回 秀吉

第 51 回 信長

第 52 回 家康

第 52 回 秀吉

第 52 回 信長

第 53 回 家康

第 53 回 秀吉

第 53 回 信長

第 54 回 家康

第 54 回 秀吉

第 54 回 信長

第 55 回 家康

第 55 回 秀吉

第 55 回 信長

第56回～第60回　平成22年～26年（2010～2014）

第 56 回 家康

第 56 回 秀吉

第 56 回 信長

第 57 回 家康

第 57 回 秀吉

第 57 回 信長

第 58 回 家康

第 58 回 秀吉

第 58 回 信長

第 59 回 家康

第 59 回 秀吉

第 59 回 信長

第 60 回 家康

第 60 回 秀吉

第 60 回 信長

第61回～第65回　平成27年～令和元年（2015～2019）

第 61 回 家康

第 61 回 秀吉

第 61 回 信長

第 62 回 家康

第 62 回 秀吉

第 62 回 信長

第 64 回 家康

第 64 回 秀吉

第 64 回 信長

第 65 回 家康

第 65 回 秀吉

第 65 回 信長

※第 63 回は台風の影響で郷土英傑行列は 2 日とも中止
※第 66 回、第 67 回は新型コロナウイルス感染拡大の影響で中止

三英傑ってどんな人？

織田信長 1534~1582

【人物】頼れるが恐ろしいワンマンカリスマ武将

青年期は髷を結わずにザンバラ髪に着流し、脇差しという奇矯な格好で〝尾張の大うつけ〟（大馬鹿者）と呼ばれる。一方で乗馬、相撲、泳ぎが達者で、武人としては一流だった。

「桶狭間の戦い」で今川義元4万5000人の大軍をわずか2000人で打ち破り（両軍の人数については諸説あり）、一躍戦国時代の主役に。奇襲作戦で大逆転劇を演じ、野生の勘を持った戦の天才のイメージもあるが、きわめて合理主義でもあり、その後は火縄銃など最新兵器を導入して確実に勝利を勝ち取った。

舞やお茶など芸事も好み、異国の文化も積極的に取り入れるなど、文化に対して好奇心旺盛で開放的。客人には豪華なごちそうをふるまい、能や舞を披露するなど、おもてなしにも熱心だった。

一方で冷酷、残虐な面も持ち、実の兄弟や親戚を殺害したり、比叡山焼き討ち、一向一揆征伐などで何千、何万人もの命を奪う殺戮もくり返している。

現代でいえば、強力なリーダーシップで部下をしたがえ、革新的な戦略でローカルから全国区へとのし上がる超ワンマン・カリスマ社長といったところか。気前のよさで部下のモチベーションを高める一方、気分屋かつパワハラ体質で、家臣に対する人を人とも思わぬ言動も目立った。最後は部下に裏切られて非業の死を遂げるのも、ヒロイックなイメージを強烈なものにしている。

【功績】既得権を打破した自由主義的改革者

軍事、商業、人材登用、文化とあらゆる面で既存の常識にとらわれない改革を推進。兵農分離によって戦のプロを育てて兵力の向上・安定化を進め、鉄砲の導入で戦の戦法戦略を根底からくつがえし、鉄甲船を建設するなど、軍事を飛躍的に近代化させた。身分、家柄にとらわれず部下を引き上げる実力主義を取り入れ、羽柴秀吉という逸材を見出した。

楽市楽座の制定で寺社や公家の既得権を打破し、関所や通行税を撤廃して街道を整備。商業・流通面でも規制緩和と自由主義の導入で経済を活性化させた。南蛮貿易を奨励しキリスト教を保護。茶道、能、相撲など芸能も発展させた。

秀吉、家康を配下にしたがえ、一地方にすぎなかった尾張の地から天下統一の気運を盛り上げたことが何よりの功績ともいえる。

豊臣秀吉
1537〜1598

【人物】「人たらし」は天性＋テクニック 情報戦略で出世街道かけ上る

立身出世の人物を「今太閤」と呼ぶように成り上がりの代名詞となっている秀吉。その出自は謎に包まれている。信長に仕えるまでの記録がないため、出生の年や場所、親の身分にも諸説があり、いずれにしても恵まれた家柄の出ではないことは間違いない。

その人柄はもっぱら「人たらし」と称される。小柄で愛嬌があり、巧みな話術で相手のふところに入り込む。その能力は天性の才に、10代の頃の行商で鍛えたテクニックも上乗せされていた。

異例の出世を果たしたもうひとつの要因は情報の扱いに長けていたこと。美濃攻めの際には斎藤龍興の家臣を丸め込んで寝返らせることに成功。本能寺の変の直後には「信長・信忠父子は無事」のニセ情報で光秀討伐を有利に進め、光秀を討ち取ると書物に著して手柄をアピール。清須会議でも弁舌巧みにイニシアチブを握り、賤ヶ岳の戦いで柴田勝家を破った時もこれまた大々的に宣伝。情報戦略で自身の存在価値を高めて、信長の跡目争いをリードする。世が世なら優秀な広報マン…いや功名心もあるのでYouTuberか、SNSと秀吉構文を駆使して権力の座を狙う政治家か…？

コミュニケーションの達人は、だがしかし天下人となって大きく変節してしまう。無謀な侵略をくり返し、生と権力に執着したまま最期を迎える。人が変わってしまったのか、それとも人なつっこい笑顔の下に秘めてきた強烈な上昇志向が歪な形で顔を出してしまったのか…？　ドラマではこの二面性を表現できる個性的な演技派の起用が多く、演じ甲斐がある業の深さは秀吉自身の奥深い人間味ともいえる。

【功績】検地や刀狩り。法整備で戦のない世の中に

天下統一を果たし、戦乱の世の終焉に道筋をつけた。太閤検地や刀狩り、武家・農民・町人の身分の固定化など、法整備によって戦が起こりにくい社会をつくった。御朱印貿易で交易を発展させるなど、内政、外交両面で手腕を発揮した。

茶の湯や舞、花見、きらびやかな建築装飾を好み、華やかな桃山文化を花開かせた。「吉野の花見」、亡くなる5ヶ月前の「醍醐の花見」には庶民や女性も多数参加し、江戸時代の町人文化の開花の下地をつくった。

晩年に導入した五大老・五奉行制度は、自身の没後も豊臣政権を維持するためのものだった一方、後の幕藩体制の基礎にもなった。新しい社会体制を整備して時代を中世から近世へとステップアップさせる、有能かつ実行力のある為政者だった。

徳川家康
1542~1616

【人物】堅実な実務型リーダーはオタク趣味も多彩

「鳴かぬなら鳴くまで待とうほととぎす」と謳われた我慢強い忍耐の精神で、晩年になってついに天下を手中に納めた。幼少期から長く人質の身で、信長、秀吉とも主従、忍従の関係にあり、大大名となってからも天下統一の野心を表に出さずに我慢と待ちの姿勢を貫いた。

慈悲深さも持ち、宿敵・武田勝頼の菩提寺を弔い、関ヶ原の戦いでも敵方の西軍の戦死者を供養するなどした。信心深く、戦の旗印「厭離穢土欣求浄土《おんりえどごんぐじょうど》」は帰依していた浄土宗の言葉で、〝穢れたこの世を厭い浄土を求める〟の意味。理想の国づくりに真摯に取り組む姿勢は、この篤い信仰心が基盤となっている。

人材が一番の宝、と人事でも懐の深さを発揮。部下の長所を見極めることを重視し、徳川四天王、徳川十六神将など有能な人材を引き立て、組織を強化した。

読書家で中国の歴史書などを好んで読んだ。健康に対しても気を遣い、素振りや乗馬、水泳などトレーニングを怠らず、自ら漢方薬を調合し、食事は一汁一菜の粗食を好んだ。

信長のような天才型、秀吉のようなひらめき型とは違い、コツコツと学んで得た知見を実践に活かす実務型。長期的視点を持ち、有能なチームをつくって、自分を律して範を示す。リーダーとしては非の打ちどころがないが、派手さがなく面白みに欠けるため今イチ人気がない。そんなイメージが主流だったが、中国史にトレーニング、サプリにサウナと今ドキのオタク趣味も多彩で、現代ならイケオジとしてモテモテだったかも？

【功績】太平の世を築き町づくりをプロデュース

乱世を終わらせて太平の世の基礎を築いた。さらに儒教思想を持ち込んで、下剋上を起こさない精神的規範を植え付けた。道徳心や倫理観を重んじる日本人のモラル意識は、家康に端を発するともいえる。武家や公家、仏教に対する諸法度・法度を制定して幕府による徹底した管理体制を敷き、これが下地になり世界でも例を見ない265年にもおよぶ長期安定政権が維持されることになった。

名古屋人にとっては、名古屋の町そのものを築いた生みの親。清洲から町ごと引っ越して巨城と城下町を築き、商業にも向いた独自の碁盤割り、物流の命脈となる人工河川も建設。安全性と経済性を両立した都市整備を推し進めた豪腕かつ優秀なディベロッパー兼プロデューサーでもあった。この手腕はもちろん江戸の都市開発でも存分に発揮された。

決して堅物ではなく、将棋と囲碁が好きで家元制度をつくり、外国から贈られた時計を珍重してその修理を命じたことから後のモノづくりの発展にも影響をおよぼしている。

信長ゆかりの史跡・観光スポット

萬松寺	愛知県名古屋市	信長が父の霊前に抹香を投げつけたという伝承であまりにも有名。御朱印定番の6種類の他、月限定デザインの月詣御朱印もある。	地下鉄上前津駅より徒歩5分 TEL052・262・0735
那古野神社	愛知県名古屋市	延喜11（911）年創建。『信長公記』に信長が通ったと記されている「天王坊」はここのこと。織田家の人質となった竹千代が幽閉されていた時期もある。	地下鉄丸の内駅より徒歩1分 TEL052・231・4030
熱田神宮	愛知県名古屋市	父・信秀が手厚く保護し、信長も桶狭間の戦いの勝利後に「信長塀」を寄進した。	名鉄神宮前駅より徒歩3分 TEL052・671・4151
桶狭間古戦場公園	愛知県名古屋市	桶狭間の戦いで今川義元が討ち取られた場所との説がある。観光案内所では毎月第2日曜日にガイドツアーを無料で開催する。	名鉄中京競馬場前駅より徒歩25分 TEL052・755・3593
清洲城	愛知県清須市	信長はここから桶狭間の戦いに出陣。現在の天守は平成元（1989）年に再建整備され、城内は歴史ミュージアムになっている。	JR清洲駅から徒歩7分 TEL052・409・7330
小牧山	愛知県小牧市	近年発掘調査の成果が著しい信長の居城跡。石垣や土塁、堀などの遺構が見られる。	名鉄小牧駅より徒歩25分 TEL0568・48・4646

秀吉ゆかりの史跡・観光スポット

豊國神社	愛知県名古屋市	明治18（1885）年に建立。祭神は豊臣秀吉。出世はもちろん受験、縁結びのご利益も。	地下鉄中村公園駅より徒歩10分 TEL052・411・0003
中村公園	愛知県名古屋市	豊國神社を中心に明治34（1901）年に整備された都市公園。隣接する常泉寺（木下屋敷）は豊臣秀吉の生誕地とされる。	地下鉄中村公園駅より徒歩10分 TEL052・413・5525
名古屋市秀吉清正記念館	愛知県名古屋市	秀吉と加藤清正、中村区生まれの両武将がテーマの歴史資料館。尾張の武将に関連する資料も豊富。	地下鉄中村公園駅より徒歩10分 TEL052・411・0035
墨俣一夜城	岐阜県大垣市	墨俣城の歴史と秀吉の足跡を展示。桜の名所としても人気。（大垣市墨俣歴史資料館）	墨俣バス停より徒歩12分　0584・62・3322
大阪城	大阪府大阪市	昭和6年築の日本最古の鉄筋鉄骨コンクリート建築。城址には大手門、多門櫓など13の国指定重要文化財がある。	近鉄天満橋駅、谷町四丁目駅、JR森ノ宮駅、大阪城公園駅より徒歩15分 TEL06・6941・3044
豊国神社	京都府東山区	秀吉逝去の翌年創設。全国の豊國神社の総本社。豪華絢爛な唐門は伏見城の遺構で国宝指定。	京阪電車七条駅から徒歩10分 TEL075・561・3802

家康ゆかりの史跡・観光スポット

名古屋城	愛知県名古屋市	家康が築いた近世城郭の最高峰。高さ 55 mの天守に金鯱を戴く。	地下鉄名古屋城駅より徒歩5分 TEL 052・231・1700
名古屋東照宮	愛知県名古屋市	尾張徳川家初代藩主・義直が父・家康を祭神として創建。御社門と唐門は重要文化財。	地下鉄丸の内駅より徒歩 3 分 TEL 052・231・4010
徳川美術館	愛知県名古屋市	家康の遺品を中心に徳川家の大名道具 1 万点余りをを収蔵する歴史ミュージアム。	徳川園新出来バス停より徒歩 3 分 TEL 052・953・6262
岡崎城	愛知県岡崎市	家康生誕の地。現在の天守は 1959 年に再建されたもの。「三河武士のやかた」、家康公像など見どころ充実。	名鉄東岡崎駅より徒歩 15 分 TEL 0564・22・2122
大樹寺	愛知県岡崎市	松平・徳川家の菩提寺。歴代将軍の身長と同じ大きさの位牌が安置される（家康は 159㎝）。	名鉄バス大樹寺バス停より徒歩 5 分 TEL 0564・21・3917
浜松城公園	静岡県浜松市	家康が築城し 29 ～ 45 歳の激戦の時代を過ごした。野面積の石垣は創建当時のもの。ゆるキャラ、出世大名家康くんにも会えるかも。	浜松駅からバス子爵所前下車徒歩 5 分 TEL 053・457・0088
駿府城公園	静岡県静岡市	家康が築城し、大御所政治の拠点とした。復元された御門、櫓などを含め遺構と自然豊かな公園として整備されている。	JR静岡駅徒歩 10 分、静鉄新静岡駅より徒歩 5 分 TEL 054・251・0016

英傑会 interview

ボーイスカウトから満を持し英傑に 落馬事故を機に安全確保による継続を提言

英傑会インタビュー　その一

第69回 令和5年（2023）
織田信長 役
根木 浩路《こうじ》さん

昭和31年、名古屋市生まれ
［当時］67歳・医師・クリニック経営・名古屋市在住

小6からまつりのボランティア ボーイスカウト代表で英傑役目指す

小学生でボーイスカウトに入って、6年生の時から名古屋まつりの沿道整理をしていました。毎年、市内4地区のボーイスカウトおよそ500人がその役割を担っているんです。

年齢も重ねて役員になり、名古屋まつりの打ち合わせにも出席しているのですが、ある時、「長年、名古屋まつりにボランティアで参加しているのだからそろそろ我々の中から三英傑を出したいものだ」という話になった。私は乗馬をやっているものですから、私が信長役に応募するのが一番合格する可能性が高いと思い、それならばと一念発起することにしました。

聞いていないよ〜だった能の稽古

最終選考の面接はかなり緊張しましたが、手応えは十分ありました。1分間自己アピールで「コロナ禍で名古屋まつりは3年間中止を余儀なくされ、町の空気も消沈していました。その間私は医師として地域の皆さんの命を守るため医療業務に取り組んできました。今度は馬上から信長として名古屋のコロナ蔓延を鎮めたい。平穏な名古屋の町を築くぞ！」と宣言。審査員の反応もよかったのです。

合格の報に一番喜んでくれたのは妻でした。応募するといった時、子どもたちは「パパ、いい歳なんだから無理しないで」とあまりいい顔をしてくれなかったのですが、妻は「頑張ったね！よかったね‼」と心から喜んでくれた。これが何よりうれしかったですね。もちろん、実際に決まったら子どもたち家族みんなが応援してくれました。

しかし、ここからが大変でした。信長隊を担当する三越から連絡があり、「この先の一ヶ月、能の稽古をしてください」というんです。募集要項を見落としていたので、驚きました。観世流の家元の元へ3回以上通って、あの「人間五十年〜」という能の舞を会得しなければならない。足の運びなどが独特でそれは難しかった。それでも3回稽古を受けて、何とか合格をいただきました。大変でしたが、能をやるなんて普通なら絶対に体験できないことで、いい経験になりました。

信長役を心から応援してくれた妻の和加子さんと

ボーイスカウトや幼い孫たちも沿道から声援

まつり当日は、英傑会の先輩から「観客一人一人の目を見て追うように」とアドバイスをいただいていた通り、漠然と前を見るのではなく、右、左と観客をしっかり見て、扇を振るように心がけました。

家族、友人、職場の仲間もたくさん来てくれました。私が手術をした患者さんもいらっしゃいましたし、医師会のメンバーも大勢沿道で声をかけてくれました。私も見知った人の姿を見つけたら、「○○殿、よぉ来てくださった！」と名指しで声をかけたりもして声援に応えました。沿道整理のボーイスカウトのリーダーや子どもたちもよく知っていますから、「先生、こっち向いて！」などと大いに盛り上がってくれました。

信長の相手役であるねね役の女性もボーイスカウト出身で、大学生の時まで熱心に活動をしていました。この年の中継担当局だったCBCにもボーイスカウトの友人がいるので、「ボーイスカウトの信長とねねです！」とアナウンスしていただき、いいPRになりました（笑）。

行進の間、4人の孫もずっとついてきてくれました。4歳が3人と1歳が1人。妻や娘がベビーカーを押したり抱っこをし、孫たちは「じいじ、じいじ」と声援を送ってくれて、うれしかったですね。

まさかの落馬事故中止よりも再発防止を

しかし2日目、とんでもないアクシデントが起こりました。私が乗っていた馬が道中で突然後ろ足を跳ねて、私は大きく宙に飛ばされて落馬してしまったのです。

原因はにぎやかな祭りで馬のストレスも限界となり、落ち着きを失ってしまったからだと思います。私は頭を打って意識を失い、救急車で病院に運ばれる途中で意識を取り戻しました。後から聞いて知ったのですが、私が地面に落ちた瞬間、随行している四武将役の自衛隊員の人たちが「殿を守れーッ！」と叫んで人垣をつくってくれたそうです。身内の医師がすぐに駆けつけ、応急処置や救急救命士への対応をしてくれました。自衛隊がガードしてくれていたおかげで、私が倒れて意識を失っている時の様子は、写真や映像に一切撮られていないんです。緊急時の咄嗟の判断で私を護ってくれた自衛隊の皆さんには本当に感謝しています。

堂々たる騎馬姿の根木信長。根木さんは夫婦の趣味として乗馬を始めたという

事故はとても残念なことでしたが、今後のために対策をとって安全を確保することが大切です。実は信長が乗る馬は、江戸時代の道具などで再現することを重視して、当時と同じ木鞍を使い、何より先導する2名が引手を持ち、馬に乗る信長には手綱がないんです。これでは乗馬をやる者からするといつもとはまったく異なる方法です。さらにヘルメットをかぶらず馬に乗るのも大変危険です。道具や乗り方を現在の乗馬のスタイルに換え、兜の装飾をしたヘルメット、衣装の下にプロテクターを着用する。このような対策をしっかり取れば、乗馬は決して危険なものではありません。70年近く馬をずっと使っていた名古屋まつりが、一度事故があったからとやめてしまうのはとても残念なこと。令和6年はとりあえず馬を使わないことになりましたが、万全の対策をとって安全を確保し歴史を守る、そういう方向に進んでくれることを願っています。

台車の改修、演出の変更
よりよい名古屋まつりへ

事故があったため、その後の検証のために市の担当者と話し合いを重ねました。落馬事故以外のことについても様々な意見交換をしました。信長以外の英傑や姫らが乗るフロートと呼ばれる台車は、上に登るための階段が脆弱で踏み外す恐れがあるため、今年は各百貨店が費用をかけて新調してくれました。

また、行進の間、英傑3人が揃うところがないし、ただ練り歩くだけでなく何か演出があった方が盛り上がるのではないか？　こう提案したところ令和6年は三英傑と三姫が揃いぶみし、パフォーマンスを行うというこれまでにない演出をすることになったそうです。このように安全面でも演出面でも、名古屋まつりがよりよくなるための変化は望ましいこと。私の落馬事故が、怪我の功名になればいい、と思っています。

観客すべてに声をかけ、まつり後も日々PR 次代へつなぐ新世代・秀吉

英傑会インタビュー　その二

第69回 令和5年（2023）
豊臣秀吉 役
佐藤 洋平さん

昭和52年、名古屋市生まれ
［当時］46歳・会社経営・岐阜県多治見市在住

会社で重視する「挑戦」を実践し秀吉役に挑戦！

仕事でお付き合いのある方が令和4年の英傑行列の家康を演じたんです（第68回・佐々木雄一郎さん）。それで、やりたいと思えば誰でも三英傑になれるチャンスがあるんだ！と興味がわきました。

私は名古屋市内で福祉関係の会社を経営しています。介護、福祉の現場では何よりコミュニケーションが大切なのですが、コロナ禍によって人と接したり外出することが、一般の方たち以上に難しくなってしまいました。私が三英傑になることで、お年寄りや被介護の方たちにも名古屋まつりを見に行こう＝お出かけしようと思ってもらえるきっかけになれば、と考えました。

ただし、三英傑役は、誰にでもチャンスがある一方で、やりたいと思って誰でもなれるわけではありません。でもだからこそ挑戦する意義がある。「挑戦」は会社で大切にしている考えでもあり、それを私が自ら実践してみようと思ったのです。

三英傑の中で秀吉を志望したのは、私や会社の立ち位置が秀吉に相通じるところがあると感じたからです。私が経営する株式会社是々非々は、令和2年に42歳で起業した小さな会社です。秀吉も、何の後ろ盾もないところから、己の才覚でチャンスをつかみ、出世街道を駆け上っていった。私も工夫することで課題をひとつひとつ解決し、より多くの人の役に立てるよう会社も成長させていきたい。そんなふうに考えると、自分が演じるのは秀吉以外には考えられませんでした。

もうひとつ、応募した理由のひとつが「第69回名古屋まつり」だったから。会社の創立記念日が6月9日で、私の誕生日が9月6日。「6」と「9」は私のラッキーナンバーです。それで

本当に秀吉役になれたので、本当にラッキーでした（笑）。

声かけにポージング 観客全員とコミュニケーション

まつり当日は、本当にたくさんの方が沿道に詰めかけてくれました。私が観にきてほしいと思っていた、おじいちゃん、おばあちゃん、車いすの方もたくさん来てくださいました。

秀吉として何より心がけたのは、一人一人とコミュニケーションを取ること。若いカップルには「彼、名前は？〇〇君？カッコいいね」と声をかけたるなど、できる限り沿道に来てくれている人たちと言葉をかわしました。写真を撮りに来ている方も多いので、カメラを向けられたら必ず止まってポージングをするようにもしていました。秀吉は目の前の民一人一人に分け隔てなく声をかけていたといわれますし、上から偉そうに接するというタイプではなかったはず。そんな秀吉像を自分なりに精一杯演じました。秀吉はよく「人たらし」と称されますが、私も普段、取引先の方たちから「人たらしの佐藤」とよくいわれるんです（笑）。観客から「今年の秀吉はユーモアがあって面白かった」というお声もあったようで、私が演じる秀吉としては間違っていなかったかと思っています。

観客の皆さんに楽しかったと思ってもらえれば、来年もまた来てみようと思ってもらえるはず。その積み重ねによって、まつり、そして名古屋が盛り上がると思うんです。

日頃から縁のある車いすに乗った経営者仲間も一緒にパレードに参加

人生最大のステージ 唯一無二の体験からの学び

まつりの間はどこへ行っても人だかりができていて、10万人がいれば20万の目がこちらに向けられ、その視線を実際に感じられる。まさにアイドルのコンサートのような状況です。しかも、赤ちゃんからおじいちゃんおばあちゃんまで全世代に見られている。こんなステージは、人生の中で後にも先にもこの一度しかないでしょう。

この経験のおかげで、怖いものがなくなりました。仕事で大企業の社長さんや著名な方とお会いしたり、何百人の方々の前で講演をすることもあるのですが、緊張せずに接したり話したりできる度胸がつきました。

見てもらう側を体験したことも学びにつながりました。まつりが終わった後、英傑行列で通った場所を普段着の佐藤洋平のままで歩いてみたんです。当たり前のことですが、誰も私を見てくれません。秀吉の時は全員が見てくれていたのに…と少し寂しさを感じると同時に、私自身も普段たくさんのことを見落としているのだろう、と実感しました。日ごろから注意深く目を配らなければ、もっと視野を広げなければ、と強く思うようになりました。

経営する（株）是々非々のHPのトップページに秀吉姿の自身の写真を使用

20代、30代もチャレンジしたくなる名古屋まつりに

46歳という年齢は、歴代の三英傑役の中で比較的若い方だと思います。これからはもっと若い、30代、20代の人にもやってもらいたい。地域を愛する思いに年齢は関係ありません。

誰しもに英傑になれるチャンスがある。それを広めたいという思いもあって、様々な場面で「名古屋まつり第47代　豊臣秀吉」という肩書きを使っています（この「47代」は昭和52年に英傑会が発足してからの人数で、英傑会独自のカウントによるもの）。一生使えて、一生輝きが失われない肩書きです。名刺の裏に印刷し、会社のＨＰにも秀吉姿の私の写真を載せ、ＬＩＮＥの秀吉スタンプもつくっています。講演会でもまずその話題から入ります。面白い人だな、と思ってもらうことで、興味を持っていただきやすくなりますし、会話のきっかけになる。同時に、「皆さんもなれるんですよ」と名古屋まつりのＰＲにもつなげられます。そうやって３６５日、名古屋まつりの広報をしています（笑）。

英傑役に応募してあらためて感じたのは、挑戦することの大切さです。最終的に英傑になれるかどうかよりもまず挑戦してみる。仮に望みが叶わなかったとしても、挑戦したことによってその世界を知ることができ、それまで知らなかった領域の話ができるようになる。私は挑戦したことで、経験、話題、人とのつながり、あらゆるものが広がりました。今度は私が、それを次の世代につなげていきたいと思っています。

家康になったパティシエが新しい名古屋スイーツを創作

英傑会インタビュー　その三

第69回 令和5年（2023）
徳川家康 役
長谷川 享平さん

昭和36年、岐阜県下呂市生まれ
［当時］62歳・パティシエ・名古屋市在住

同僚だった女性が千姫に自分もいつかは…！

20代の頃に勤めていた店のアルバイトだった女性が、松坂屋に就職して名古屋まつりで千姫をやったんです。「すごいなぁ、こういうおまつりがあるんだ」というのが率直な感想でした。その数年後にも、取引先の社長が家康役をされて、記念誌をつくって取引先に配られたことがありました。それくらい名誉なことなんだなぁと、憧れの念を抱きました。いつの頃からか、自分もいつか信長をやってみたい、そのために乗馬を習ってみたい…とも思うようになりました。しかし、仕事に忙殺されて歳月だけが過ぎていってしまっていました。

夢は持ちつつも実行に移せないままだったのですが、きっかけになったのが2023年のNHK大河ドラマ『どうする家康』です。愛知県も舞台になっていることで観るたびにハマっていき、これはもう家康をやるしかない…！とようやく決断するにいたりました。

「レニエ」の鎧を脱いで臨んだ面接の出来と結果は？

書類選考を通って最終面接に進むことになったのですが、何十人かが集められて英傑に選ばれなかった人が行列の他の侍の役をやるのかな、なんてのんきに考えていました。いざ会場に行くと、面接を受けるのはわずか5人。私以外の候補者は皆さん歴史の知識も豊富で、1分間のスピーチも堂々としていらっしゃる。後で聞くと、何度も応募しているという方も何人かいたそうです。対して私は先週までの大河ドラマの知識しかない。緊張するわ他の方たちに対して気後れするわで、スピーチで唯一ちょっとはウケたのが、「（『どうする家康』の）松潤には似ていませんが、福耳は肖像画の家康公に似ています！」という最後のひと言くらいでした。面接では、レニエという自分の店のことは一切いわないようにしていました。名古屋の洋菓子店としてはそれなりに知られているという自負はあるのですが、三英傑の面接でそれを持ち出すのはフェアではないという自分なりのプライドがあったからです。しかし、いざそれを封印してしまうと、武器も何もなく丸腰になったような心細さで、レニエという鎧を着ていないと俺はダメだな、まだまだだな…そんな気分でほぼあきらめていました。

ところが、しばらく経ってまさかの合格の連絡が！ 理由は知らされませんからなぜ私だったのかは分かりませんが、書類選考の段階でパティシエが英傑になるというのが面白いと思ってもらえていたのかもしれません。

メイク後の移動は名古屋市が用意した市バスで

このままずっと殿様でいたい！ 周りの人たちも英傑役に興味

まつり当日は、メイクをしてもらい、ちょんまげをつけた時に、「おっ、これは悪くないんじゃないか？」とまんざらでもない気分になりました。髭もつけ髭ではなく自前でいけましたしね。

行進が始まり、たくさんの観客の方から声援をいただけるのはやっぱり気分がよかったですね。このままずっと殿様でいたい、と思いました（笑）。知り合いも応援に来てくれて、山車の上からでも声や顔をちゃんと確認できました。夕方のニュースで男の子が「家康がカッコよかった」と言ってくれていたのもうれしかったですね。

家康役をやると報道されてからはたくさんの方からお祝いや激励の電話、メールをいただきました。しばらく会っていなかった方からも連絡をもらったり、「あれは自分で応募するの？」と尋ねられたり。自分がやったことで、興味を示してくれて、自分もなれるんじゃないか？と思ってくれた人もいたようです。取引先の飲料メーカーの社員さんは「自分も応募しようかな」と言っていましたし、知り合いの歯医者の先生は応募しているんじゃないかな？ 応募すれば可能性はゼロではないですから、周りの人が自分にもチャンスがある、と思ってくれたのならうれしいですね。

菓子職人の先輩も英傑OB
英傑・姫の同窓会も

ケーキ屋で英傑役をやったのは自分が初めてだろう、と思っていたのですが、英傑会の集まりに出席したら、和洋菓子店の先輩がいらっしゃって、他にもおふたりほど和菓子の職人さんが英傑を務められたという。英傑役というのは地元の名士や企業の社長さんなど社会的地位の高い方がやるものだと思い込んでいたので、自分と同じ菓子職人が何人もOBにいると知ってうれしかったです。

パレード前の家康隊勢揃いの様子

英傑会という組織は、入会するまではお金持ちとか偉い人の集まりだと思っていました。でも、実際はいろんな職種、立場の方がいて、面倒見がよくていろいろと教えてくれる人が多い。お金がかかったのは記念の陣羽織をあつらえたことくらいです（笑）。また、私たちの代はみんな仲がよく、三英傑と三姫が集まって同窓会を開いたりもしています。この歳になって、仕事とはまったく関係のない人たちと新しい交流ができるのはうれしいことです。

家康姿をお菓子のパッケージに
名古屋らしい菓子作りにも意欲

家康公をやったことは本当にいい思い出になりましたし、その後もいろんな場面で活用させてもらっています。仕事の会合であいさつする際に、「徳川…あ、間違えた長谷川です」と笑いを取ったり（笑）。

家康姿の自分の写真をパッケージに使って「家康になったパティシエ物語」というお菓子の詰め合わせも売り出しました。八丁味噌マドレーヌ、朴葉味噌フルーツケーキ、中津川モンブランフィナンシェなど、地元らしさを取り入れたお菓子のセットです。家康役をやって以来、より名古屋を意識したお菓子を作りたいという気持ちもわいてきました。これからも、こてこての名古屋土産になる商品を生み出していたい、そんな風に思っています。

家康姿の写真をパッケージに使用した「家康になったパティシエ物語」

信長役の後にますます信長にハマり敦盛の公演も

英傑会インタビュー　その四

第56回 平成22年（2010）
織田信長 役
山口 和幸さん
1964年、名古屋市緑区生まれ
［当時］46歳・会社員・名古屋市在住

北海道の大自然に魅せられ40代で乗馬を始める

生まれも育ちも緑区大高で、幼い頃におばあちゃんから「この山で昔、お侍さんがケンカしたんだよ」と聞かされて育ちました。生まれ育った場所がまさに桶狭間の合戦の舞台だったのです。

郷土英傑行列に応募した直接のきっかけは後輩から勧められたから。会社の後輩が「名古屋まつりの三英傑の中で、信長は乗馬経験があることが条件なので毎年応募が少ない。先輩、乗馬ができるからチャンスですよ」と言うんです。

馬に乗るようになったのは40歳を過ぎてから。北海旅行で釧路湿原の外乗を体験し、これを趣味にしたら面白いだろうなと思ったんです。せっかくだから基礎技術からちゃんと学ぼうと地元の乗馬クラブに入って、トレーニングを積み、3年ほどで馬場馬術一級を取得しました。

そんなわけできっかけは自発的ではなかったのですが、もともと信長には興味があるし、乗馬の技術も活かせるし、これはいい機会だと信長役に応募することに。幸運にも大役を射止めることができました。

沿道の観客1人1人の信長像に応える

まつり当日、メイクしてくれたのが、松平健さんを担当したことがあるという方でした。おかげで、信長らしいいい男にしていただけました（笑）。

町を練り歩くと、沿道の観客の方たちの顔がよく見えることに驚きました。見えるだけじゃなく声もよく聞こえるんです。「もっと笑って」という人もいれば「信長はにやにや愛想笑いするな」という人もいる。「こりゃぁ、どうしたらいいんだろうか？」と悩み

騎乗姿がキマっている山口・信長

ました。ヤジも聞こえるんですよ。知り合いが「山口クーン！」と声をかけてくれたと思ったら、「山口じゃない、信長だ！」という声が飛んだり（笑）。

皆さん思い思いの信長像を投影して見てくださり、これはおろそかにはできないな、と思いました。一人一人にちゃんと目線を送って、合図を送ってくれたら扇を振るなどして応える。キャッチボールできるのが面白かったですね。

三英傑は、かつては公募制ではなく主に市政功労者が務められていました。地元の大高町は私が生まれた年に名古屋市に編入されたのですが、大高町当時の町長が家康役をやっているんです。年配の方はそれをご存じなので、私が信長をやると伝わると、それはすごいことだと喜んでくれました。地元のご近所の人たちが喜んでくれたこともうれしかったですね。

私の後には、弟の同級生も信長役をやっているんですよ（平成27年、第61回の竹田尚司さん）。「どうやったら信長になれるんですか？」と言うので、「まずは馬からだね」と答えたら、本当に乗馬の練習を始めて、数年後に信長役を射止めました。地元のなじみの居酒屋には、信長の格好をした私と竹田君の写真が今でも貼ってあります（笑）。

敦盛を舞い信長の思いを追体験

英傑会では、信長OBは特に担当した武将に思い入れが強く、また多方面につながりを持つ方が多い印象です。そういった先輩方がいろんな場所に引っ張り出してくれる。「山口君はお茶を知らんのか。有楽流《うらく》（信長の弟・織田有楽斎が起こした流派）は武家のお茶だから体験しておいた方がいい」と茶会へ連れて行ってくれたり。私たちがイメージする文化的な茶道ではなく、武人である信長はどんな世界観をもってお茶に接していたのか、実際にやってみることで物の見方や感じ方は変わってきます。そういう場に連れ出してくれる人生の先輩がいるというのはとてもありがたいことです。

英傑会の先輩に誘われて、信長幸若《しんちょうこうわか》舞《まい》保存会にも入りました。幸若舞は信長が好んだ芸能で、「人生五十年　下天のうちを比ぶれば〜」の詩で有名な敦盛《あつもり》はその演目のひとつ。私は保存会でこれを習い、今ではいろんな場所で公演を行って披露をしています。

敦盛は、源平合戦で討ち取られた平敦盛が主人公。敦盛の頸を取った源氏方の熊谷直実はその後世をはかなんで

信長が愛した幸若舞を名古屋能楽堂で披露

出家をした。武士のはかなさを表現した詩といわれています。ところが信長は、生きるためにあの詩を詠んで舞った。戦国の世は、明日死ぬかも分からない現代とはまったく異なる死生観の上に成り立っている世界です。そんな世において、戦の前に勝って生き抜くための精神統一の儀式としてこれを好んだ。信長がどういう覚悟で舞い、どんな価値観で生きていたのか、少しでも信長の思いに近づけるのではないか…？ そんな風に考えながら舞うと、非常に興味深いんです。

　信長は桶狭間の戦い以降は、幸若舞とともに愛した「死のうは一定」の小唄を歌わなくなったそうです。これは戦いへの臨み方が変わったからではないかと思っています。若き日の信長は、生きるか死ぬかの戦いを何度もくぐり抜けていますが、博打的な戦を仕掛けるのは桶狭間の戦いまで。以後は、必ず勝てる形に持っていく手堅い戦い方をしています。舞を通して、信長の変化を想像することもできるんです。

もしも信長が生きていたら…
想像力をかき立てられる存在

　信長の魅力は、非常に革新的であり、しかし道半ばで命を落としてしまったこと。あのまま生きて天下統一を成し遂げていたらその後の日本はどうなっていただろう？と想像力をかき立てられるところです。

　信長は通行税の撤廃や楽市楽座など、世の中にお金を回そうとする商人的感覚を持っていた。軍事でも鉄砲を取り入れるなど、新しい産業を取り込みながら戦い方を進化させた。明治時代の富国強兵のような発想をあの当時既に持ち、実践していました。家康が採った鎖国とは正反対に積極的に貿易を推し進め、ひょっとすると大英帝国のような繁栄発展をもたらしたかもしれない。そんなわくわくするような歴史の〝もしも〟に思いをはせることができる、そこが信長の最大の魅力です。

　名古屋まつりでの信長役をやったその後の方が、むしろ信長の魅力にどんどんハマっていきました。信長役をやっていなければ、舞をやることもなかったし、自分で企画して信長の講演や講談、幸若舞の公演をやることもありませんでした。名古屋という町は信長から始まっています。それを背負って出ることによって、覚悟が芽生え、世界が広がります。この先、信長をやる人にはそんなことを感じながら、楽しんで演じてもらいたいですね。

足軽から四天王、英傑へ出世街道を駆け上がる

英傑会インタビュー　その五

第46回 平成12年（2000）
豊臣秀吉 役
臼田 松男さん

昭和35年、岐阜県山県郡美山町（現・山県市）生まれ
［当時］40歳・自衛隊員・瀬戸市在住

足軽をやりながら山車の上の武将に憧れ

18歳で陸上自衛隊に入隊し、名古屋の守山駐屯地に配属されました。6ヶ月の教育期間が終わると、すぐに名古屋まつりという催しがあるから出るように、との命令を受けていわれるがまま参加することになりました（昭和53年の第24回）。最初の役は家康隊の鉄砲隊足軽です。楽しかった一方で、四天王の武将などをやっている先輩たちを見て、「自分もいつかはああいう役をやってみたいなぁ」という憧れは内心抱いていました。

1年目は足軽、4年後には徳川四天王の1人、酒井忠次の役をいただきました（昭和57年の第28回）。翌昭和58年のNHK大河ドラマは『徳川家康』（主演は滝田栄さん）。このドラマで宅麻伸さんが熱演した家康の嫡男・信康役が名古屋まつりでも設けられ、私が演じさせていただきました。

その後、幹部自衛官となって金沢市の部隊に8年ほど赴任、名古屋に戻って3年ほどが経ち、憧れだった中隊長という職をいただき、200人ほどの部下を預かる立場になりました。中隊長職も終盤となったミレニアム2000年、歳は節目の40歳。そろそろ機は熟したと考え、思い切って三英傑への応募を決断しました。

東海豪雨の災害対策本部から面接会場へ直行

三英傑の中で秀吉を選んだのは、豊臣秀吉に人間的魅力を感じていたからです。秀吉は、知恵を使って様々な工夫をしながら出世をした人物です。私自身、そういう生き方は好きで、仕事でも参考にしていました。特に効果が発揮されたのは自衛隊での訓練指導においてです。訓練もただ厳しいばかりでは辛くなってしまいます。しかし、少し遊び心を加えることで、隊員のやる気を引き出し、成果を上げることができたと思います。

　秀吉役に応募して一次選考通過の通知を受け、あとは最終面接、いよいよ決戦です。ところが、その予定日を控えた時期に思わぬ出来事がおこります。平成12年9月の東海豪雨です。災害派遣は我々自衛隊の最も重要な任務のひとつです。私に与えられた任務は連絡幹部。すぐさま市役所内に設置された災害対策本部に入り、市の職員の方たちと一緒にそこに詰めて、現場の救助、復旧作業に全力を注ぎました。

　しばらくして現場の様子が少し落ち着いた時に、ハッ！と思い出しました。

「明日が名古屋まつりの面接の日だ！」。面接会場は対策本部のすぐ近く。30分ほど抜けて面接を受けてもいいでしょうか？と上司に相談すると「よし、行ってこい！」とありがたい言葉が返ってきました。

　面接は、スーツ姿の候補者の中で、私だけは自衛隊の戦闘服姿、何日も風呂にも入っていない無精髭だらけの状態で受けました。面接では「私は今回の豪雨災害で名古屋市のために一生懸命頑張りました。そのごほうびとして、どうか秀吉をやらせてください！」とアピール。どうやらこのひと言が決定打となり、見事秀吉役を射止めることができました。

（右）19歳の時に、鉄砲隊として初めて名古屋まつりに参加
（左）22歳で徳川四天王の1人、酒井忠次役に。順調に出世（？）

足軽時代を思い出しながら天下人の誉れを満喫

　当時秀吉にはまつり初日に豊國神社で出陣式がありました。地域の方々が大勢訪れ、音頭を取るのは商店街の皆さん。お祓いを受け、御朱印を賜り、出陣の勝ちどきを上げます。オープンカーに乗り込みパトカーの先導で英傑行列の出発地点の名駅まで太閤通りをパレード。素晴らしい前哨戦でした。

　まつりの2日間は、山車の上に立って大勢の観客の方たちにご声援をいただき、まさに天下人の気分を味わえました。初めて足軽をやった時のことを思うと、よくぞここまで来られたと、それは感慨深いものでした。

　まつりの最中に驚いたのは沿道の観客の中に、私の名前と出身地を書いたのぼりを掲げてくれていた人がいらっしゃったこと。実家のご近所出身の名古屋住まいの方でした。地元の小さな村から太閤殿下が出たということでとても喜んでくださいました。

まつりの直後にまさかの人事異動

その後にも思わぬ展開がありました。まつりの数日後、上官から「広報室長をやってみないか」と告げられたのです。テレビや新聞などで私の秀吉を演じた様子を観て、広報の適性があると評価してくださったのです。思ってもみなかった辞令でしたが、いざやってみると広報が肌に合っていたのか、非常に充実していて、通常は2年程度のところ5年以上の長きにわたり務めさせていただきました。名古屋まつりを観て私の適性を見抜いてくださった当時の師団長にはとても感謝しています。

広報室長時代には、市の名古屋まつり協進会の方々とも打ち合わせや交流を行い、守山駐屯地の自衛官が協力して名古屋まつりを盛り上げていることをもっとPRしてもらえるよう働きかけも行いました。隊員たちは休日返上でまつりに参加して頑張っているので、それを市民の皆さんにももっと知っていただきたかった。現在は毎年のパンフレットに写真付きで「陸上自衛隊守山駐屯地第35普通科連隊の皆さん」と紹介されていて、これはその当時の成果ではないかと思っています。

英傑会のつながりから思わぬ地域貢献に

英傑会では会員同士だけでなく、様々な分野の人たちともつながりができます。ある時の飲み会で中部電力の職員の会員と隣同士になり、私が自衛官で数々の災害に派遣されていることや防災士の資格を持っていることから、営業所での講演の依頼を受けるようになりました。そんなつながりの中で、ある時中電の方から相談を受けました。中電小牧営業所が管轄する犬山地区では雑木林が多く、台風の後などにたくさんの倒木があって電柱電線の復旧が非常に大変だというのです。地図を広げると、雑木林を囲むように明治村、リトルワールド、犬山モンキーパークといった名鉄の観光施設がある。これらの施設には堅牢な建屋や、広い駐車場があり、台風などの災害時には休業になるであろうし、応援部隊の集結も容易です。そこで中電の方に、災害の際にこれらの施設を前線基地として使わせてもらえるよう、名鉄との間に協定を結ぶことを提案し、その後めでたく協定を結ぶことができ、リトルワールドで行われた防災訓練には私もオブザーバーとして参加させていただきました。こうしたものの見方は私の自衛官の経験が生きていると思いますし、英傑会をきっかけとした交流があったからこその成果であり、自衛官やまつりの秀吉役とはまた違った形で、地域のお役に立てたのは大変うれしいことですね。

名古屋まつりの英傑役はやってみると想像以上に楽しいですし、その後の交流も充実しています。「よし、我こそは！」と思われる方は是非憧れの英傑に応募して下さい。三英傑を務められた後は、英傑会でもご一緒しましょう！

10kg超増量の肉体改造 ザ・家康の貫禄でスター体験

英傑会インタビュー　その六

第60回 平成26年（2014）
徳川家康 役
中山 佳樹さん
昭和38年、香川県高松市生まれ
［当時］50歳・組合職員・日進市在住

秀吉役に応募して何度も落選

お医者さんの組合の職員だった私は、ある年お付き合いのある先生の1人が名古屋まつりで秀吉になるというのでお祝いにうかがいました（平成22年第56回の清水喜代治さん）。すると「次は君だ！中山さんは三英傑の誰が好きなんだね？」とおっしゃる。秀吉大好きな先生の前でしたから「秀吉です」としか答えようがなく（苦笑）、翌年、秀吉役に応募することになりました。

しかし、書類審査は通ったものの面接で落選。翌年も、そのまた翌年もダメ。落選する度に清水先生の元に報告に行っていたんですが、三度目の落選報告の時に先生がじっと私の顔を見て、「君はどう見ても秀吉じゃなく家康の顔だ」というのです。思わず「でしょう！」の言葉が口から出ました（笑）。それであらためて家康役で応募したところ、一発で合格となりました。

肉体改造で一発合格も箝口令でむずむず

最終面接では「私こそが家康公にふさわしい！」とハッタリで通すことにしました。その根拠は私の風貌が誰よりも家康公らしいこと。顔つきが肖像画の家康公に似ているのはもちろん、家康公にふさわしい貫禄を出すために3～4ヶ月がかりで10kg以上増量し、体をつくっていたんです。これを家康公を演じるための熱意の証だとアピールすると、審査員の方たちが途中から身を乗り出してきてくれました。

しばらくして念願の合格の連絡が。当然、「やった！」と喜んだのですが、市の担当者から「記者発表までは絶対に口外しないでください」と口止めされました。発表までは1ヶ月ほどもあり、もう言いたくて言いたくて…

（笑）！　さすがに妻には伝えましたが、彼女もまた言いたくてしかたがなかったようです。記者発表後、あちこちに電話をかけていましたから（笑）。口止めされてもどかしい気分でもありましたが、これもまた自分だけが知っている秘密がある、楽しい時間でした。

周囲はみんな驚いていました。まさか私が家康になるとは思ってもみなかったようで、私がにやにやして合否を明かさない様子を見ても、「中山がもったいぶって楽しんでるわ」という感じでした。特別な人じゃないとできない、というイメージがあるのでしょうね。最初に勧めてくれた清水先生はもちろん、それは喜んでくれましたよ。

観客の視線、声援を一身に浴び
気分はすっかりスター

まつり当日は、私だけ広い楽屋を用意され、スタッフの皆さんも「殿！」と呼んでくれて最初から気分のいいものでした。さらにメイク、着付けが進んでいくにしたがって気分もどんどん上がってきます。周りも「この方が今回の家康公か」と見る目が変わってくる。ちゃんと殿様を敬う空気ができあがってくるんです。そうするとこちらもその気になって、自衛隊の皆さんなど周りの出演者の方たちがみんな自分の家臣に見えてきました（笑）。

行進が始まると、観客の方と目が合うだけで大歓声が上がり、ふり向くだけで拍手がおこる。おばあちゃんなんて手を合わせて拝んでくださったりと、信じられない光景で、これがスターか…！という気分でした。「うわぁ、家康さんそっくりね〜」なんて声も聞こえてきて、内心「家康、見たことあるんですか？」とツッコミを入れつつ、皆さんがイメージする家康像に自分が合っていると思うとうれしく感じました。

この年は史上初めて女性が信長、秀吉役を務めました。おふたりもちゃんとなり切ってふるまっていらして、女性の信長、秀吉も映えるものだな、と思って見ていました。

着替えた瞬間、世界が一変
夢かうつつかの不思議体験

まつりは2日間とも天気がよく、本当に殿様になったような気分を存分に味わえました。最後に大須商店街をねり歩き、万松寺で花束を贈られて楽屋へ向かうタクシーに家内と一緒に乗り込みました。すると熱心な英傑ファンの方が何人もいらして、最後まで手を振って見送ってくれるんです。これにもびっくりするとともに感動しました。

楽屋で衣装を脱ぎ、メイクを落とし、私服に着替えて、ほっとひと息つきました。そうして部屋を出た途端、誰も私の方を見てくれないんです。あれ？さっきまで私がちょっと動くだけで大歓声がわき上がっていたのに…、夢でも見ていたかのようなとても不思議な感覚でした。帰る際にスタッフの方が1人だけ出口まで見送りについてきてくれました。「お疲れ様でした」「ありがとう」と言葉を交わし、ふとふり返ったらその人も消えてしまったかのように誰もいない。ぽつんと取り残され、一瞬にして現実に引き戻されて、なんともいえない不思議な体験でした。

OB会の意識改革を推進
元・英傑でまつりに参加

妻・真弓さんとの楽屋でのツーショット

英傑として多くの方から注目を浴びるのは本当に素晴らしい時間でした。しかし、あまりにも強烈な体験のため、その時の興奮や感動が脱けきれないという、ちょっと危険な一面もある。人によってはつい、自分は特別な存在なのだという思いがふとした時に出てしまったりすることもあるのですね。また、担当した英傑に対する思い入れがいっそう強くなり、〝信長、秀吉、家康はこうあるべきだ！〟という思いがついつい出てしまったり。OBの中でもそういう面が出てしまうことがあるのか、かつては市役所など関係者から少々距離を置かれるということもあったようです。

私はそれが非常に残念で、せっかくまつりの重要な役をやらせてもらったのだから、後々も行事を盛り立てることができないかと考えました。そこで、私が英傑会の世話役になってからは、会員の意識改革に努めました。スローガンは「最大多数の会員が最大限の楽しみを共有できるようにしよう」。名古屋まつりあってこその英傑会なのですから、より多くの人に名古屋まつりを楽しんでもらい、自分たちも名古屋まつりを楽しむことが何より大切なことだと考えました。

そんな方向性の下で、名古屋市ともあらためて協力、信頼関係を築いていきました。その最大の成果が、平成30年からの英傑会としての郷土英傑行列への参加です。三英傑経験者である会員たちが「前回の家康です。」などのたすきを掛けてパレードカーに乗り込み、行進の盛り上げ役を担う。これを実現したことで、会員の意識にも大きな変化がありました。この仕組みがあることで、ずっと名古屋まつりにかかわることができる。殿様役が今度は脇役として名古屋まつりを盛り立てる、これからもそんな会であり続けたいと思っています。

英傑会名鑑

英傑出演年　[役柄]
氏名（敬称略）
①生年　②英傑行列参加時の年齢
③出身地／英傑行列参加時の在住地
④英傑行列参加時の職業
⑤英傑行列に参加した理由
⑥エピソード
⑦好きな三英傑関連の作品

昭和57(1982)年　第28回名古屋まつり　[家康]

日置 達郎

①昭和10年（1935）　②47歳
③三重県／名古屋市　④飲食店経営
⑤祖先が家康公の家臣だったので、いつかは家康をやってみたいと思っていました。それを聞き及んでいた会社の社員がこっそり応募してくれていたのですが、私が経営する「札幌かに本家」をまだ岡崎に出店しておらず、時期尚早と一度辞退したのです。その後、岡崎にも支店を出し、翌年に満を持して応募しました。⑥郷里の母がわざわざ見に来てくれたのが一番の思い出。店がある場所では従業員たちが沿道に駆けつけて応援してくれたのもうれしかったですね。

昭和61(1986)年　第32回名古屋まつり　[信長]

浅野 彰

①昭和11年（1936）　②50歳
③名古屋市／名古屋市　④会社役員
⑤人生50年の節目

平成8(1996)年　第42回名古屋まつり　[家康]

稲葉 時夫

①昭和11年（1936）　②60歳
③愛知県作手村／名古屋市　④仏壇製造小売
⑤人生の思い出に名古屋まつりに参加したかった
⑥天にも昇る気持ち

平成9(1997)年　第43回名古屋まつり　[家康]

古田 幹雄

①昭和12年（1937）　②60歳
③名古屋市／名古屋　④会社役員
⑤尊敬する徳川家康に是非なりたかった
⑥実際に家康役をやってみて感激しました
⑦徳川家康関連全般

平成12(2000)年　第46回名古屋まつり　[秀吉]

臼田 松男

①昭和35年（1960）　②40歳
③岐阜県山県市／愛知県瀬戸市　④陸上自衛官
⑤英傑行列は守山駐屯地の自衛隊が協力しています。18歳で入隊、最初の役は鉄砲隊の足軽。それから22年、中隊長となったミレニアムの年、期は熟したとばかりに応募しました。⑥行列開始に先立ち中村区の豊国神社で出陣式があり、その後、中村署のパトカーの先導により出発地点である名駅前までパレードがありました。秀吉の地元ならではの粋なイベントに感動しました。
⑦大河ドラマ「国盗り物語」、映画「風雲児信長」

平成14(2002)年　第48回名古屋まつり　[家康]

小島 三津雄

①昭和11年（1936）　②66歳
③名古屋市／名古屋市　④菓子製造小売
⑤60歳代、年代で出来ることに挑戦、人生の結果を
⑥何時も次点？ 8年間かけて4回応募の上ようやく合格。審査にクレームを！
⑦大河ドラマ「葵～徳川三代～」

平成15(2003)年　第49回名古屋まつり　[信長]

山田 健太郎

①昭和49年（1974）　②29歳
③愛知県長久手市／愛知県長久手市　④会社員
⑤乗馬が趣味で、所属する乗馬クラブの会員の皆様からお話をいただきました。
⑥応募資格の年齢制限が30歳以上から25歳以上に引き下げられた時期で、史上最年少の信長役として新聞、雑誌、テレビ、ラジオに取材していただきました。ドキュメント番組も放送していただき、NHKのクイズ番組にも名古屋圏代表ゲストとして出演しました。
⑦ゲーム「信長の野望」シリーズ

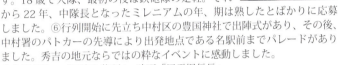

平成22(2010)年　第56回名古屋まつり　[信長]

山口 和幸

①昭和39年（1964）　②46歳
③名古屋市／名古屋市　④会社員
⑤桶狭間の合戦のゆかりの地である大高城、鷲津砦、丸根砦に囲まれた地に生まれ育ち、子どものころから織田信長に親近感を持っていた。⑥三英傑が公募になる前は市政功労者が選ばれたようで、地元のご老人たちから褒められ、激励された。大高町では名古屋市に合併された時の町長が三英傑に選ばれていたようで昔の写真を見せられ、どうも皆さん勘違いされているようで戸惑った。
⑦信長関連の書籍、ゲームは戦国物、第二次大戦物、ボード、PC

平成24(2012)年　第58回名古屋まつり　[信長]

小出 雅男

①昭和51年（1976）　②36歳
③名古屋市／名古屋市　④会社員
⑤新潟・上越市の謙信公祭で直江兼続役としてGACKTさんと共演し自分を表現することの大切さを実感し地元でもそれを体現したかった。
⑥名古屋人にとって一番の誇れる名古屋まつりのため一生の思い出となりました。
⑦ゲーム「信長の野望」

平成25(2013)年　第59回名古屋まつり　[信長]

櫻間 啓史

①昭和58年（1983）　②30歳
③岡山県岡山市／名古屋市　④会社員
⑤名古屋に住み、名古屋市のよいところを知り、魅力を広めたいと思った。歴代の方々が尾張地方出身である中、他の地方から来た者が別の視点で名古屋の魅力を発信できるのではないかと思った。
⑥二日目が雨で中止に。しかし偶然栄で家康様、秀吉様と一緒になり三人で勝どきを上げて盛り上がったのがよい思い出となった。
⑦歴史書『信長公記』『武功夜話』

平成25(2013)年　第59回名古屋まつり　[秀吉]

鈴木 貞夫

①昭和35年（1960）　②52歳
③岐阜県土岐市／名古屋市　④大学教員
⑤当時始まったプロジェクトで地域の高齢者の方々と会うことになっており、話のきっかけの話題として面白いかな、と思って応募しました。⑥化粧の担当者に「芸風に“老成”はないのできる限り若くお願いします」とお願いしたらそのまま通ってしまい、何でも言ってみるもんだなと思いました。沿道には車いすやストレッチャーの方もあり大きく声をかけました。ご婦人の「今年の秀吉はええ男やがね」という声に大笑いしました。⑦大河ドラマ「太閤記」

平成26(2014)年　第60回名古屋まつり　［家康］

中山 佳樹

①昭和38年（1963）　②50歳　③香川県高松市／愛知県日進市　④臨床検査センター渉外担当　⑤映画、ドラマに登場する俳優の勇壮な武将姿を見る時、「自分もあの様な格好をして、片時武将気分に浸ってみたい」と思い、またその様な勇壮な姿なら「なるべく多くの人に見てもらいたい」と考えたからです。⑥大観衆から途切れることのない大歓声をいただき、「スターとはこの様な気分か」と夢に酔った二日間。一方、最後にメイクを落とし、私服姿になった時、誰の視線も感じられず、おかしくも切なかった…。⑦大河ドラマ「どうする家康」

平成27(2015)年　第61回名古屋まつり　［信長］

竹田 尚司

①昭和41年（1966）　②49歳
③名古屋市／名古屋市　④会社役員
⑤父が清洲出身で、出身小学校は大高城に隣接。遠足で桶狭間へ行ったりもして織田信長公に憧れていました。幼なじみの先輩も名古屋まつりの信長を演じ、私も！という想いで応募しました⑥名古屋まつり向けに乗馬の練習をし、また私の代から「人間五十年」の能を披露することになったため稽古も毎日通いました。当日は自分なりにいいパフォーマンスができました。さらにCMにも出演させていただきいい思い出ができました。⑦映画「レジェンド＆バタフライ」

平成28(2016)年　第62回名古屋まつり　［家康］

福原 大介

①昭和40年（1965）　②51歳
③名古屋市／名古屋市　④会社員
⑤50歳という節目を迎えるにあたり仕事でも趣味でもなく今までにやったことのないことにチャレンジしたかった。いろいろ考えた中で幼い頃から見ていた名古屋まつりを想い出し「まずはエントリーすることを目標にしよう！」と決意し応募した。⑥沿道の方々が手を振ったり声をかけてくれたりしたことが何よりうれしかった。お年寄りが手を合わせて拝んでいる姿には背筋が伸びる思いがした。⑦小説『もしも徳川家康が総理大臣になったら』

平成30(2018)年　第64回名古屋まつり　［信長］

森下 清高

①昭和32年（1957）　②61歳
③愛知県田原市／名古屋市　④会社役員
⑤秋を彩る名古屋まつり中心行事の英傑行列に参加したかった。中でも名古屋市街で騎馬、能を演じる信長を是非やりたかった。⑥1年目は台風で中止。翌年、くり越しで演じられることが決定し祝勝会。本番当日、一緒に能を謡い舞う人間国宝の久田鸝鴎先生が洗面所で転倒し腰を骨折。急きょ信長ＯＢの竹田さんがピンチヒッターに。あれ以来竹田さんには絶対服従です。
⑦小説『国盗り物語』『太閤記』『関ケ原』『下天は夢か』

平成 30(2018) 年　第 64 回名古屋まつり　［秀吉］

大西 喜隆

①昭和 33 年（1958）　② 60 歳
③岐阜県山県市／名古屋市　④会社員
⑤陸上自衛隊時代に英傑行列の足軽、信長隊の羽柴秀吉を経験。幹部となって英傑行列の人選、サポート。英傑行列への自衛隊参加の可否を名古屋市と議論したこともあり、いつかは秀吉公をと思っていました。⑥ 2017 年は 2 日間とも当日中止になり、丸栄の担当者から「太閤殿下から皆さんに中止をお達しください」と言われ、涙を流しながら中止を達し、皆でエイサーを踊ったことは一生忘れることができません。⑦三英傑、明智光秀、豊臣秀長関連の作品

平成 30(2018) 年　第 64 回名古屋まつり　［家康］

服部 篤二

①―　② 56 歳
③名古屋市／名古屋市　④警察官
⑤歴史、特に戦国時代が好きな私にとって郷土が生んだ三英傑、泰平の世を築いた家康公は英雄でした。いつか、名古屋まつりで家康公を演じたいと強く思い、家康公役に応募しました。⑥前年度は台風で中止となり落ち込みました。信長役の森下さん、秀吉役の大西さんと「来年三人で三英傑やるぞ！」と誓いあったことが今でも忘れられません。翌年、再び家康役を務められて本当にうれしかったです。⑦小説『風は山河より』

令和元(2019) 年　第 65 回名古屋まつり　［信長］

前田 武茂

①昭和 45 年（1970）　② 49 歳　③愛知県愛西市／愛知県蟹江町　④教員、不動産業
⑤生前に信長役をやりたいとくり返し言っていた義理の父や、私の父にも立派な姿を見せるため。また私立学校の教員として卒業生に頑張っている姿を見せて学校を応援してもらうためです。⑥大勢の前で敦盛を舞いましたが、脇差しを落として大観衆から笑いをいただきました。大観衆の前で乗馬し、能楽を舞い、行列を組んで市街をねり歩く貴重な経験をさせていただきました。⑦マンガ『織田信長』（横山光輝）、『信長』（工藤かずや・池上遼一）

令和元(2019) 年　第 65 回名古屋まつり　［秀吉］

秀島 一彦

①昭和 36 年（1961）　② 58 歳
③名古屋市／名古屋市　④会社員
⑤社会貢献活動への参加、自身が誇れる一生一代の思い出つくり、闘病中の母への励ましにより応募しました。⑥令和元年の記念すべき名古屋まつり英傑行列でした。初日は雨のため中止、翌日は秋晴れの中舞台が整い、観光客も含め大須の花道まで大賑わいの開催となりました。一週間後、母は他界し、自分自身も記憶に残る一生一代の体験となりました。
⑦映画「もしも徳川家康が総理大臣になったら」、大河ドラマ「真田丸」

令和元(2019)年　第65回名古屋まつり　[家康]

村石 正典

①昭和40年（1965）　②54歳
③名古屋市／名古屋市　④会社員
⑤2016年の家康役が中学の同級生（福原大介さん）で、「次は私も！」と思い立ち、翌年応募も面接進出ならず、2019年も応募し、そして通過しました。⑥事前練習での守山自衛隊の方々の気合のはいった声で私自身も改めて気合が入り「威風堂々」を意識しました。当日沿道には家族や友人、同僚、恩師の顔も、加えて手をあわせてくださるおばあちゃまをみて感激し、涙がでそうになったのを忘れることができません。⑦三英傑関連のビジネス書、マンガ

令和4(2022)年　第68回名古屋まつり　[信長]

浅野 暢一

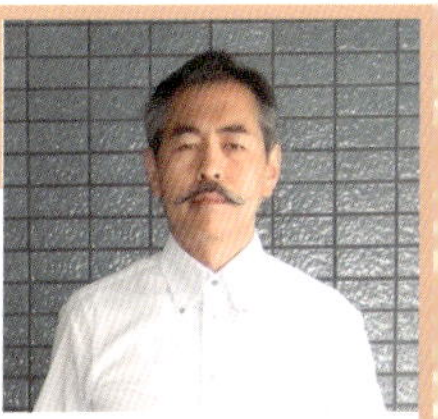

①昭和42年（1967）　②55歳
③名古屋市／名古屋市　④介護職
⑤郷土英傑行列は幼いころから親しんでおりました。私の父も過去に信長役を担当したご縁があり、自分も50歳を過ぎ人生の節目として、記憶に残る事を成しておきたいと考え応募いたしました。⑥郷土英傑行列の中でも騎乗して行列を行う信長は一際輝いて見えたものでした。そのような織田信長に扮して参加できたことで、コロナ禍により3年ぶりの開催となった名古屋まつりを観覧に来られた皆様に喜んでいただきたいと思い、精一杯演じさせていただきました。

令和4(2022)年　第68回名古屋まつり　[秀吉]

加藤 哲也

①昭和33年（1958）　②64歳
③名古屋市／名古屋市　④会社員
⑤還暦を過ぎた時に故郷になにかしらの痕跡を残したいという欲望が沸々と湧き出し、年齢も太閤秀吉の没年になった今しかないと一念発起応募しました。⑥山車の中央に鎮座して眺める景色は経験した者のみが得られる財産です。涙したのは沿道の皆様や家族（特に孫）からのエール、そして何よりも大須観音へのねり歩き、境内前でのスピーチ。思い出すだけで五合は酒が呑めます。⑦小説『下天は夢か』『国盗り物語』『新書太閤記』、大河ドラマ「太閤記」「秀吉」

令和4(2022)年　第68回名古屋まつり　[家康]

佐々木 雄一郎

①昭和51年（1976）　②46歳　③名古屋市／名古屋市　④会社役員・老人ホーム経営
⑤勤務先の老人ホームで入居者の方と食堂でテレビを見ていたら名古屋まつりのニュースが放送されていて、「あなたは徳川家康に見た目も性格も似ているから応募しなさい」「生きているうちにあなたの家康姿が見たい」と盛り上がったから。
⑥事前に英傑会の先輩方からの引継ぎ事項に「トイレに行けないから紙オムツを履いてくること」があった。英傑行列後のあだ名が「殿」になった。
⑦小説『もしも徳川家康が総理大臣になったら』

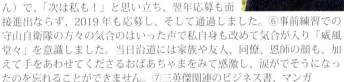

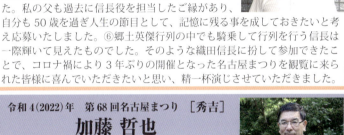

令和5(2023)年　第69回名古屋まつり　［信長］

根木 浩路

①昭和31年（1956）　②67歳
③名古屋市／名古屋市　④開業医
⑤小学校6年生から名古屋まつりの沿道整理などでお手伝いをしてきましたが、今回は三英傑に応募して祭りの主役として名古屋のボーイスカウトの代表として参加しようと決意しました。⑥信長も濃姫もボーイスカウト同士の信長隊でした。2日目には、いらだった馬に約3m跳ね上げられアスファルトに落下し、救急搬送されました。すべての厄を払ったと考え、今後も地域の皆様の健康維持に医療に従事して参ります。

令和5(2023)年　第69回名古屋まつり　［秀吉］

佐藤 洋平

①昭和52年（1977）　②46歳
③岐阜県多治見市／名古屋市　④会社役員
⑤地域との接点が希薄になる中で、名古屋まつりを通じて外出機会や地域との接点づくりに寄与できればと思った。今の自分を築いてくれた業界や地域への感謝をカタチにしたかった。⑥沿道からたくさんの声をかけてくださり、私も負けずと一人ひとりに声をかけながら行進しました。「今年の秀吉は、いままでの秀吉と違うな！」の声が本当に嬉しく思いました。⑦マンガ『日本の歴史　豊臣秀吉』、大河ドラマ「軍師官兵衛」、映画「信長協奏曲」

令和5(2023)年　第69回名古屋まつり　［家康］

長谷川 享平

①昭和36年（1961）　②62歳
③岐阜県下呂市／名古屋市　④パティシエ
⑤40年以上名古屋で働きながらも、一度も名古屋まつりを観る機会がなかった私が、コロナ禍を乗り切った皆さんを元気づけるためにも空前の家康ブームの年に主役となって皆さんにお会いしたかった。⑥自分が家康隊の大将として、自衛隊をはじめ、スタッフの皆さんが一生懸命英傑行列を素晴らしいものにしようという意識の高さに身震いまで覚える感動の2日間でありました。
⑦大河ドラマ「どうする家康」

三英傑は、なぜ郷土の英雄になったのか？

名古屋、愛知の人なら、「三英傑」と聞いて即座に「信長・秀吉・家康」が思い浮かぶことだろう。そろって愛知県出身の天下人は、郷土の誇りとして揺るぎない存在感を放っている。

ところが、実はこのイメージがくまなくすり込まれているのは、愛知県の中だけのことなのだとか。他府県から名古屋へ移ってきた人にはピンと来ないことも少なくなく、愛知県の人が一歩県外に出て、地元から離れるほどに「三英傑」という言葉が通じなくなることもあるという。いわば「三英傑」は「放課」「名大」「ときんときん」のように地元でしか通じない方言のようなもの…？　さすがにそれは言い過ぎだとしても、「三英傑」の浸透度が、愛知県と他府県とでギャップがあるのは確かなようだ。

ではなぜ愛知では、「三英傑」＝郷土の英雄という概念が生まれ、県民に膾《かい》炙《しゃ》するにいたったのか？　その成立の過程と理由をひもとくと、思いがけず「三英傑」が愛知県において果たしてきた役割が見えてきた！

尾張と三河はもともと別の国だった

「三英傑」の成立をひもとく上で外せないのは、それが「郷土の」偉人である点だ。信長、秀吉、家康の3人が日本史上、とりわけ知名度、人気が高い人物であることは間違いない。愛知県が異質なのは、3人をセットにし、なおかつ我らが郷里の生んだヒーローだと、あたかもステークホルダーであるかのように囲い込もうとしている点である。

この歴史観は一体いつ生まれ、どのように醸成されてきたのだろう？

ここでひとつポイントとなるのは、尾張と三河はもともと別の国だったこと。「尾張国」と「三河国」は1300年以上前の飛鳥時代からある国名で、愛知県というひとつの行政区分としてまとめられたのは明治の廃藩置県後のこと。当初は「名古屋県」と「額田県」に分かれていて、明治4年、名古屋県が「愛知県」に改称するのにともない、額田県が統合された。しかし、三河ではこれに対する反発も強く、明治20年代までは、岡崎を中心とする西三河で愛知県から独立しようとする三河分県論が盛んだった。現在でも尾張vs三河と互いにライバル視するむきがあるが、これは近代以前からのなかなか根深い対抗意識なのだ。

このような経緯から、信長、秀吉、家康の3人を同郷としてくる概念は明治半ば以降に生まれたことになる。それを裏付けるように、幕末に刊行された『尾張英傑画伝』（小田切春江）という書物には家康は登場しない。同書は神話の人物や源頼朝のほか、信長、秀吉をはじめ加藤清正、柴田勝家ら多くの戦国武将を取り上げ、日本の英雄の多くが〝尾張〟から輩出されたと紹介するものだが、そこに〝三河〟出身の家康は名を連ねていないのである。江戸末期においては、信長・秀吉・家康という郷土のヒーロートリオは結成されていなかったわけだ。

愛知が輩出した3人の英雄が上京した県人のよりどころに

「三英傑」が初めて登場する書物は明治12年（1879）、名古屋の国学者、水谷民彦が編纂した『三傑年譜』とされる。3人を対等に取り上げたという点で画期的だったが、評価のポイントは「尊皇」で、「郷土の」という視点は欠けていた。加えて、同書は流通した数が極めて少なく、これを機に「三英傑」の概念が広まったとは考えにくい。

続いて登場する文献が、明治21年（1888）刊行の『愛知学会雑誌』。ここに信長・秀吉・家康に関する論説を寄稿したのが岡崎市出身の地理学者・志賀重昂。愛知県の豊かな環境が幾多の英雄豪傑を生み出し、その代表的存在がこの3人だと説いている。

この雑誌は東京に留学した愛知県出身の学生が編集し、主な読者も若い県人たちだった。当時は明治維新の勝ち組である薩長土肥出身者が中央で幅を利かせ、立身出世を胸に上京した愛知の青年たちが肩身の狭い思いを強いられることも少なくなかった。愛知が生んだ3人の傑物は、そんな彼らが郷里への誇りを保つための心のよりどころとして存在感を増すことになったのである。

公園整備でも三公ゆかりの地を平等に

同じ時期、愛知県内でも三英傑をバランスよく盛り立てていこうとする具体的な動きが興る。名古屋（＝秀吉）、清洲（＝信長）、岡崎（＝家康）の史跡公園の整備事業である。

きっかけは明治16年（1883）、名古屋市中村の秀吉生誕伝承地に記念碑と豊国神社をつくろうという活動が地元有志によって立ち上がる。当初は名古屋＝秀吉を奉る単独の動きだったが、これを機に愛知県議会において、「織田・豊臣・徳川三公は異身同体。豊臣の遺跡保存の公園を整備するならば、織田、徳川二公も同様に扱わなければならぬ」という議論が展開される。いよいよ行政の事業においても、三英傑をセットにして同等に取り扱う論調が登場するのである。この計画は実現までに時間を要するが、大正8年（1919）になってついに三傑を顕彰する「三大公園」＝中村・清洲・岡崎公園＝の整備が進められることとなる。

名古屋、尾張、三河の三地域をもれなくすくい上げるのは、現在の愛知県の様々な事業においても腐心される行政マター。3人の出身地が県内の三つの地域に分散していたことは、県政における地域バランスを取るのにも好都合だったといえる。

しかし一方で、この時代はまだ〝三英傑＝信長・秀吉・家康〟は確立し切ってはいなかった。明治43年（1910）の開府三百年記念祭の仮装行列は、「尾張三英傑」として加藤清正・信長・秀吉の3人がねり歩いている。開府の記念祭にわざわざ清正を起用するのは、「名古屋＝尾張」と考える守旧派がまだまだ勢力を保っていたのかもしれない。

戦前の万博では三英傑が目玉に！

それでも、昭和に入ると「三英傑」はいよいよ市民権を獲得していく。昭和11年（1936）年には名古屋の文化人が「三傑会」を結成。三英傑とその時代を偲ぶことを活動目的とし、徳川園で盛大な茶会を開いている。徳川美術館では三英傑をテーマにした展覧会も開催された。三傑会の主なメンバーは名古屋の文化人、財界人。根底には、先んじて活動していた東京、京都の名士組織への対抗意識もあった。東西二大都市圏に伍していくためにも、三英傑の威光は何より有効だったのである。

昭和12年（1937）、名古屋港で名古屋汎太平洋平和博覧会が開催される。同博は日本初の国際博覧会にして、太平洋戦争以前の国内最大の博覧会。外国館や産業、文化系のパビリオンに見世物的アトラクションが一堂に会し、2ヶ月半の会期中に約466万人を動員した。この時、「歴史館」の入り口には三傑の等身大木像が、館内では三傑の活躍を再現するジオラマが展示される。歴史館と称しながらその内容は完全に〝三英傑〟推しで、すなわち尾張の歴史が展示の中心だった。何という露骨なホームタウンディシジョン！　おまけに日本ポリドールからレコード「三傑節」が発売されるという過熱ぶり。あまりのゴリ推しに少々鼻白んでしまいそうだが、歴史館の三傑像は大人気を博し、閉幕後は徳川園に三傑堂を設けて保存する計画が報じられたほどだった（残念ながら実現にはいたらず、三傑像のその後の記録はなし）。

大衆化しても目減りしない功績とブランド力

当初は言論人たちの間で、続いて行政の事業で積極的に活用されるようになった「三英傑」。当初は含まれていなかった家康がメンバー入りするのは、愛知県に組み込まれることに当初反発を持っていた三河への配慮があるとも考えられる。

そして、三英傑＝愛知県の郷土の英雄という概念が着実に浸透していった中で、その大衆化を決定づけたのが名古屋まつり・郷土英傑行列だったといえるだろう。戦後の復興の象徴として始まり、市民の熱い思いを集めた祭典の目玉として三英傑が名古屋の市中をねり歩く。これによって地元に人たちの意識に「信長、秀吉、家康公は我らが町のヒーロー」のイメージが完全に定着したのではなかっただろうか。

近年は観光やエンタメの分野で、このイメージがさらに強化されている。名古屋市、愛知県は2000年代以降観光に力を入れるようになり、そこで有力なコンテンツとして着目、起用されたのが三英傑を中心とする戦国武将だった。彼らのゆかりの地をめぐる「武将観光」が推進され、平成21年（2009）年には「名古屋おもてなし武将隊」がデビューを果たす。三英傑を中心に10人で編成される彼らは、名古屋城で観光客をアテンドし、演舞などのパフォーマンスを披露して、メディアにも頻繁に登場するなどすっかり人気者に。三英傑を身近でありつつカッコいい名古屋を代表するキャラクターとして、より愛される存在に押し上げた。

この他にも、ドラマ、映画、コミック、ゲームなどで三英傑は人気のコンテンツとしてますます活躍の場を広げている。その人気は全国区ではあるが、名古屋、愛知では、「郷土の」という意識をもってその活躍に目を細めている人が多いことは確かだろう。令和5年（2023）のNHK大河ドラマ『どうする家康』でも、愛知県の観光施策の大河への乗っかりぶりはすさまじかった。愛知県にとって家康公は我らがヒーローであり、我が町へ多くの人たちを引っ張ってきてくれる有力な観光・誘客コンテンツなのだ。

三英傑はもともと偉人顕彰の意図をもって、地域の人々の心をひとつにまとめ、今でいうシビックプライドの象徴として取り上げられてきた。近年は歴史コンテンツのキャラクターとして随分と大衆化した存在となっている。それでも消費し尽くされないのは、400年以上の歴史を誇り、現在の日本の礎を築いた正真正銘の偉人だからに他ならない。今どきのトレンドに乗って少々安売りしようが、ゆるぎない功績に裏付けられたブランド力はおいそれと目減りすることはないのである。

それどころか名古屋市、愛知県も近年はインバウンドに力を入れるようになったことで、三英傑のシンボルとしての存在価値はますます高まっている。県外の人や外国人観光客が興味を抱いてくれることで、「郷土の」という冠もまたますます重要になっていく。

郷土三英傑の武勲は、今後ますます積み重ねられていくことになるのかもしれない。

＊この章は平成二十六年度名古屋市博物館特別展「三英傑と名古屋」図録に収録された「『郷土の三英傑』の成立」の記述と、これをまとめた同館学芸員・木村慎平氏へのヒアリングを元に構成しました。

『三英傑と名古屋』
（平成26年度名古屋市博物館特別展図録）

三姫の謎

郷土英傑行列の華 三姫を送り出す百貨店の思いとは？

郷土英傑行列の三英傑とのペアでヒロイン役を演じるのが三姫。

「信長×濃姫」「秀吉×ねね」「家康×千姫」の組み合わせの記者発表が行われるのは例年まつりの1ヶ月ほど前。その年に大役を務める6人がメディアの前に顔を揃えるといよいよ「名古屋まつり近し！」のおまつりムードが高まってくる。

3人の姫が、名古屋の主要百貨店3社から選ばれているのは多くの市民にとって周知の事実。各社はどのように姫を選抜し、姫たちはどんな思いでまつりに臨んでいるのだろうか？

千姫の松坂屋 老舗の矜持と意外性

家康隊を提供し、家康の孫娘・千姫を女性社員の中から例年輩出しているのが松坂屋。名古屋まつりの第1回から変わらずその役割を担い続けている。姫の人選については「社内担当部署にて選んでいます」と最小限の回答にとどまるが、それだけデリケートで真剣な選考であることは想像に難くない。ルーツであるいとう呉服店は江戸初期に名古屋本町で創業と、名古屋の歴史とともに歩んできた超老舗ゆえに堅実なイメージが強い同店だが、第60回では当時12歳のアイドルを千姫に抜擢するなど（110ページにインタビューあり）、思い切った起用でまつりに新鮮な魅力を投入しようという意欲もうかがえる。「名古屋まつりを通じて地域を盛り上げること、地域の皆様に喜んでいただくこと、伝統を絶やさないことが、まつりにかかわる意義だと思っています」という簡潔な回答からも老舗の矜持を感じさせる。

また、隊の衣装やメイクは、他の百貨店が松竹衣裳に業務委託している中、同社は日本芸能美術を起用。家康

濃姫

生年・没年不明。斎藤道三の娘で、15歳で信長に嫁ぐ。濃姫は〝美濃の姫〟を意味し正しくは帰蝶または胡蝶とされる。記録はほとんど残っていないが、気丈で聡明な性格な女性と描かれることが多い。

濃姫（写真提供＝名古屋市）

や千姫のメイクは、他の隊と比べて比較的ナチュラルという特徴がある。

積極的な自薦・姫も

姫役の人選は、自薦・他薦と店や年によって様々。もちろん積極的に立候補する女性も決して少なくはない。

「入社前からやりたいと考えていて、採用試験の最終面接でも役員に気持ちを伝えていました」とは三越の濃姫OG。コロナ禍の非常事態でさらに意欲をかき立てられたという声もあり、「コロナ禍で百貨店が休業した時に入社したため、先行きが見えない時だからこそ明るい気持ちになるようなイベントに参加したいと応募しました。しかし、最初の年は中止に。2年後に再開されることになって思いが再燃し、リベンジの気持ちで再び応募しました」とはやはり濃姫OG。

ジェイアール名古屋タカシマヤ、秀吉隊のねねOGは、本番を前に前向きな気持ちが膨らんだという。「ねねについて自分なりに調べて、政治にも積極的にかかわった現代求められる女性像にも通じる人物だったとわかり、演じることにより誇りを持てました」（第65回の岡田さん）。「愛されていた女性だと知り、やるからにはそれにふさわしい振る舞いで役目をまっとうしたい、という思いになりました」（第68回の中根さん）

本人以上に家族が喜んでくれたという声も経験者からは必ず聞こえてくる。

「夫の祖母が新聞の切り抜きを集めてテーブルの上の透明マットにはさんでいつも見てくれていたそうです」「祖母が濃姫姿の私の写真を常に携帯し、飲食店などで見知らぬ人にも自慢していて、止めるのに必死でした（笑）でも、うれしかったです」（ともに三越・濃姫OG）

地域貢献のシンボル 店にも姫にも大きな意義

そして、経験者の感想は揃ってポジティブだ。

ねね（写真提供＝名古屋市）

ねね

天文18年～寛永元年（1549～1624）。秀吉と恋愛結婚で正室に。子はなく、側室・淀君の子、秀頼を養育する。秀吉が関白になると北政所と称する。秀吉の没後は出家し高台院と称した。

「沿道に想像していた何倍もの方がいらっしゃり、皆さんに笑顔で手を振っていただき感動しました。多くの方の思いや支えがあって続いてきた伝統行事の素晴らしさを体感できました」（三越・濃姫ＯＧ）。「ジェイアール名古屋タカシマヤの代表としてたくさんの方に見られていると実感し、百貨店員として地域のお客様に貢献する気持ちをもって働かなければ、との思いを強くしました」（ねねＯＧ・岡田さん）、「〝ねねをやった人〟と周りの人は知っているので、それに恥じないようにと仕事に対するモチベーションにもつながっています」（ねねＯＧ・中根さん）

百貨店にとっても、郷土英傑行列を提供し、さらに姫を自社から出すことは大きな意義があるという。

「百貨店は地域の方々に支えられており、地域の活性化に寄与できることは非常に意味がある。信長隊に参加するのは例年約60名。参加者も、観覧の皆様へ名古屋の歴史を伝え、街への思いを高めるまたとない機会と考えています」（三越担当者）、「名古屋の歴史を築いてきたおまつりの一翼を担えて誇りに思います。姫や腰元役などで出演するのは一人一度だけ。とても名誉なことなので、できるだけ多くの社員に経験させてあげたいと思っています」（ジェイアール名古屋タカシマヤ担当者）

姫役は特別なものだが、腰元、小姓、裏方など、各百貨店では多くの社員が名古屋まつりにかかわっている。姫役は各社が英傑各隊を実質的に運営していることを分かりやすく観客に示す役割であり、姫も腰元も裏方も等しく重要な役割を担っている。姫だけに限らず、隊全体の構成する人たちに目を向けると、社を挙げて名古屋まつりを盛り立てようとする各社の思いがより感じられるはずだ。

千姫

慶長２年～寛文６年（１５９７～１６６６）。徳川家康の孫。２代将軍・秀忠の娘。７歳で秀吉の子・秀頼と結婚。大坂夏の陣で炎上する大阪城より救出される。本多忠刻と再婚し、夫の死後は天樹院と名乗る。

千姫

郷土英傑行列を支える人々

陸上自衛隊第10師団 第35普通科連隊

最大200人が参加する 英傑行列最強の強者たち

郷土英傑行列に欠かせない縁の下の力持ち。それが陸上自衛隊の隊員たちだ。最大およそ200名が足軽や徳川四天王などに扮して行列に参加し、三英傑ら大名を護り、節々で演武も披露する。規律正しく隊の脇を固める彼らの存在によって、行列の迫力やリアリティがアップしていることは間違いない。長く英傑行列にかかわってきた同隊広報班長の伊藤作磨さんに、その舞台裏を尋ねた。

守山駐屯地第35普通科連隊の隊員の大半が参加

我々、陸上自衛隊第10師団守山駐屯地第35普通科連隊は、昭和41（1966）年の第12回名古屋まつりから毎年、郷土英傑行列におよそ200名の隊員を派遣する支援を実施しています。

名古屋に所在する守山駐屯地に勤務する自衛官として、地域の行事に参加することで、自衛隊への信頼や理解を深めていただける、また戦国武将はそれぞれの国のために戦った英雄たちであり、その役目を演じることで自衛官としての身が引き締まる思いになります。

第69回の秀吉隊。自衛隊の面々が太閤殿下の脇を固める

第35普通科連隊は6コの部隊で編成され、全体でおよそ700～800人が所属しています。各部隊で若手を中心に概ね均等の人数で隊員が参加し、参加部隊が偏らないようにしています。毎年参加していますので、第35普通科連隊の隊員はほぼ全員が参加します。若い隊員から順番に役が回ってきて、転勤しない限り毎年参加する可能性もあります。

槍隊などの演武で観客を楽しませる

私も合計10回近くは参加しました。鉄砲隊、槍隊、吹き流しなど様々な役を担当しましたが、個人的には槍隊が好きでした。大きな交差点ごとに演武があり、ねり歩くだけでなく動きがある。「構えーッ！」「突撃ーッ!!」「ヤーッ!!」と鉄砲隊に突進していく。すぐに鉄砲で撃たれて討ち死にするんですが、派手に倒れるのも見せどころになる。時代劇の斬られ役のようなものですね。行列の行進の中でも一番の盛り上がりどころですから、観客の皆さんに楽しんでもらえて、拍手も送ってもらえるので、楽しくもあり、やりがいも感じやすいのです。

役はいろいろあるので、ベテランの隊員から優先的に自分のやりたい役を押さえるのが通例になっています。一方で、新婚の隊員などには家族にとっての晴れ舞台になるよう、なるべく格好いい目立つ役についてもらうなどの配慮もあります。私もいい役をもらった時は、妻と子どもに演武が見やすい場所を伝えて見に来てもらいました。ちょっと照れくさいですが、うれしかったですよ。

災害派遣活動とは異なる晴れがましい活躍の場

自衛隊の活動が一般の方の目にふれる機会は、主に災害派遣活動においてです。言ってみれば、我々が活躍する場がない方がいいわけです。その点、名古屋まつりは皆さんの前で堂々と活躍する姿を見ていただける。自衛隊員にとって非常に貴重な晴れがましい舞台です。

自衛隊の役割は国民の安全を守ることですから、地域の人にとって、いざという時に頼りにしていただくと同時に親しみを感じてもらいたいと思っています。その観点から名古屋まつりへの参加は、地域密着の存在であると市民の皆様に感じていただく、とても意義のある機会で、これからも隊の伝統として、伝統ある地域のまつりを支えていきたいと思います。

吹き流しを担当。風の強い年があり、あおられて旗を保持するのが大変でした

槍隊で、できるだけ観客の近くで演武をするよう指示されたが、槍が観客に当たらないよう倒れなければならず、気を遣いました

槍隊の演武はみせどころのひとつ

家康公を護る徳川十二将らも主に自衛隊が演じる

令和5年の第69回で信長役の方が落馬し、とっさに自衛隊員が周囲を囲んで目隠しとなりました。信長役の娘さんがお医者さんで、観客席から即座に駆けつけ応急処置をしてくださり、大事にいたらずほっとしました

名鉄百貨店

子どもたちは気分よく馬は安全に——これが最大のミッション

名鉄百貨店は松坂屋、三越と並んで第1回名古屋まつりから参加。名古屋の百貨店文化の一翼を担ってきた同社は、少年鼓笛隊を提供して名古屋まつりと郷土英傑行列を支えてきた。(同社営業企画室の名古屋まつり旧担当・田中克明さん、現担当・加藤裕秀さんのお話を名鉄百貨店の公式見解としてまとめた)

英傑か鼓笛隊かの担当分けは抽選だった(!)

名古屋まつりが始まる昭和30年当時、名古屋市からの要請を受けて当社も参加することが決まった、と聞いています。信長、秀吉、家康の三英傑各隊と我が社の少年鼓笛隊、どの社がどの隊を担当するかは抽選で決めたそうです。個人的には英傑を担当したい、姫を我が社から出したいと思うこともありましたが、どの隊も外部の方々と築いてきた信頼関係や長年にわたって培ってきたノウハウがあって成り立っていますから、簡単に変えられるものではありませんし、もちろん我が社として少年鼓笛隊を誇りを持って担当しています。

昭和33(1958)年の社内報に掲載されている名古屋まつりの様子

初期の頃は社員もかなりの人数が参加していたようです。当時は本店が開業したばかり(昭和29年12月開業)で、歴史のある松坂屋さんはじめ、丸栄さん、オリエンタル中村さん(当時)に負けられないという思いもあったのでしょう。衣装を着けて行列に参加していた頃は、上下を着て二本差しをつけて歩くのですが、刀が結構本格的で、歩いているうちにすれて痛くなることもあり、なかなか大変だったと聞いています。

行列をサポートする沿道の企業にも感謝

少年鼓笛隊は天理教本愛大教会に派遣を依頼しています。我が社は弁当の

少年鼓笛隊は毎年およそ100名の子どもたちが参加

手配や着付け・メイクを担当する松竹衣裳さんとの打ち合わせなど、準備やサポートといった裏方的な役割が中心です。鼓笛隊は幼児に近いお子さんから小中学生までの子どもたちですから、彼らがいかに気分よく最後まで演奏して歩いてもらえるかに最大限力を注いでいます。途中で疲れてしまったり気分が悪くなったりすることもありますから、具合が悪くなった子は名古屋市の先導するワゴン車まで連れて行って休ませます。沿道のビルやお店の方々にもトイレの提供を受け入れてもらったりして、サポートして下さる地域の皆さんの力が非常に大きいです。

少年鼓笛隊を先導するのが服部半蔵軍団、大天狗、烏天狗で、彼らが随所でポーズを決めたり、演武をするなどして沿道を盛り上げます。この演出は80年代半ばに新たに加えたもの。他の百貨店さんは自分の店の前を通る時に演武があるのですが、うちは前を通り過ぎるだけで特に演出がなかったのです。それではちょっと寂しいということで、立ち止まって演技を見せる忍者や天狗を隊に加えました。

名市大馬術部が人馬一体で参加

先導隊の中には馬に乗った代官がいて、馬の手配や代官役は名古屋市立大学馬術部の学生さんに依頼しています。たまたま当社に同大学OBがいたことから依頼するにいたりました。名古屋市内で馬を手配できる先はそうそうありませんから、頼りにしています。当日は朝7時半に名市大を出発し、名古屋駅近くの公園で馬を待機させます。行列の時におとなしく歩いてくれるよう、お昼の出発までに馬を走らせてある程度体力を消耗させておく必要があるのです。

令和6年は前年の落馬事故の影響もあって、馬の参加は休止としました。名市大馬術部の皆さんには変わらず参加してもらえるよう、天狗を増やして例年同様の人数で参加してもらおうと考えています。

名古屋まつりへの参加は「地元企業として名古屋を活性化させる」という主旨の元、70年前より取り組んでおり、その時々の担当者に引き継いでいます。脈々と受け継がれているこの意義を、今後も忘れずにつないでいかなければ、と思っています。

天理教本愛大教会

名鉄百貨店が提供する少年鼓笛隊。この隊を構成しているのが名古屋市中村区に本部を置く天理教本愛大教会だ。幼児から小中学生の子どもたちが毎回およそ100名参加し、行列の先陣を切って英傑の登場を知らせる。その役割は、名古屋まつり第1回から変わらず続いている。自身も鼓笛隊に参加した経験を持つ本愛大教会役員の中島功雄さんに、まつりに参加することになったいきさつや、70年の歴史を彩るエピソードを語ってもらった。

親、子、孫と3代での出演も

天理教本愛大教会の少年鼓笛隊は、昭和30（1955）年の第1回から名古屋まつりに出演しています。きっかけは前年の「名タイ名古屋のゆうべ」というイベント。夕刊紙の名古屋タイムズ主催によりテレビ塔下で行われ、前年に結成したばかりの当教会の鼓笛隊が出演しました。

名古屋まつりは昭和28年の終わり頃に計画が持ち上がり、英傑行列の案が決まった際、先導する鼓笛隊があるといいな、という意見が出たそうです。しかし、戦後間もないモノのない時代でしたから、楽器を揃えて定期的に練習している団体は小中学校にもなかった。そんな時に先のイベントを関係者が観に来ていて、声をかけていただいたのです。

第1回は天理教本愛大教会の子どもたちおよそ50人が出演しました。この時は一隊だけで、行進中ずっと休まず演奏し続けたのですが、これはさすがにしんどいということで、その後人数を増やして2隊による交替制をとることになりました。

また、名古屋市内の他の教会からも「うちからも出させてもらえないか」という声が寄せられ、以来4～5つの教会からメンバーを集めています。

少年鼓笛隊の年齢は、演奏ができれば5歳くらいから出る子もいて、中学3年生で卒業。毎年20～30人ずつ入れ替わっていきます。高校に上がると教える側になり、そのうちにメンバー同士で結婚して、その子どもがまた鼓笛隊になったりと、親子、孫、3代で出ている信者も少なくありません。

おつとめに必須の笛、太鼓 幼い頃から練習を重ねる

天理教ではおつとめの際に笛、太鼓を使うので、小さい頃からその練習をしています。また最も大きな行事のひとつに「こどもおぢばがえり」という催しがあり、毎年夏に奈良県天理市の

5歳から中学生までが参加 笛と太鼓で英傑行列を先導

天理教本部に数十万人の子どもたちが集まります。遊びや学びの様々なプログラムがある中で特に重要なのが鼓笛オンパレード。このパレードを目指して、日ごろから練習を重ねているのです。

名古屋まつりで演奏するのは「郷土英傑行列行進曲」と「花の英傑」の2曲。名古屋まつり専用の曲で、おそらく教会が作曲したものだと思うのですが、残念ながら正確な記録は残っていません。

名古屋城から出発する貴重な昭和 36 年の様子

幼児から中学生までで構成される少年鼓笛隊。同年代の子どもたちの晴れ姿は、沿道の子どもたちからも人気が高い

私も5歳の時から少年鼓笛隊として名古屋まつりに参加していて、とにかく楽しかったという記憶しかありません。華やかな衣装を身につけて普段は車しか通れない道をねり歩く。子ども心に〝名古屋まつりは特別なんだ〟という思いがありました。出発前にお侍さん、お姫様、天狗さんなど、いろんな出演者の方たちと一緒に写真を撮ったりして交流できるのも楽しみでした。今の子どもたちも同じ気持ちで参加していると思います。

コロナ禍で途絶えた育成を再びつなぐのが課題

以前は、名鉄百貨店の店内でも、まつりの行進後に演奏させてもらっていました。2隊に分かれ、最上階からと1階から演奏を始めて、真ん中の名鉄バスセンターで合流して、バスに乗って帰るんです。「外で待っているのはしんどいからここで聴けるのが楽しみ」と喜んでくださる方もいらっしゃいました。10年以上続いたと思いますが、残念ながら現在は休止となっています。

普段の練習もコロナ禍で何年もできなくなってしまい、今は子どもたちの育成が大きな課題です。学年が上がるごとに代替わりしていくので、いったん途絶えると次へまたつなげるのが大変なのです。

地域のおまつりへの参加は、天理教の方針というよりも、各教会と地元との関係性によるものです。令和4（２０２１）年から名古屋まつりも復活して、私たちもまた少年鼓笛隊を出演させられるようになったので、あらためて子どもたちの育成に力を入れて、今後も変わらずまつりを盛り立てていきたいです。

愛知琉球エイサー太鼓連

　郷土英傑行列の中でとりわけ躍動感にあふれ明るくエネルギッシュなのが沖縄エイサー踊り。これを披露しているのが愛知琉球エイサー太鼓連だ。沖縄県人を中心に構成される彼らはどのような経緯でまつりに参加することになり、どんな思いで踊りを披露しているのだろう？　創設者の仲宗根昇さん、会長の平安名《へんな》夏香さんに話をお聞きした。（両氏の発言を同連の総意としてまとめた）

歴史への葛藤よりも沖縄文化の普及のチャンスに

　愛知琉球エイサー太鼓連は、もともとトヨタ自動車と関連企業に集団就職した沖縄県人の同好会からスタートしています。そのため、現在も豊田市、刈谷市、安城市など三河地方を中心に活動しています。メンバーは60名ほどで、下は2歳から上は60歳前後まで。沖縄県人ばかりでなく、沖縄やエイサーが好きな方も加盟しています。週1回ほどのペースで練習し、各地のイベントや施設の慰問に呼ばれて演技をすることが活動の中心です。

名古屋まつりが続くことが沖縄文化を伝えることにつながる

　名古屋まつりへの参加は平成元（1989）年から。この年は名古屋市政100周年で、世界デザイン博覧会が開かれ、白鳥会場でエイサーを披露しました。さらに百貨店の丸栄さんの推薦、与那国島出身の浜盛重則さん（CBCラジオ、東海ラジオで20年にわたり沖縄文化を伝える番組のパーソナリティーを務める。令和3年逝去）の働きかけもあって、同じ年の名古屋まつりに出演することになりました（当時は豊田沖縄民踊同好会）。

　丸栄さんの推薦ということもあり、（丸栄提供の）秀吉隊に加わることになったのですが、当初はこれに複雑な思いを示す会員もいました。秀吉が薩摩藩の琉球侵略のきっかけをつくったという見方もあるからです。しかし、そういう歴史的な葛藤よりも、沖縄の文化を広く知ってもらう絶好のチャンスだと前向きに考えて、出演することになりました。

　当時のメンバーは浜盛さんの会社、伸明設計の社員が中心。野球とバレーボールの実業団チームを持っていたので、ガタイのいい男性が多かった。踊りの技術はさておき、迫力はありましたよ（笑）。この当時から30年以上ほぼ皆勤で出演しているのは私（仲宗根）くらいですが、浜盛さん、各百貨店さん、名古屋市さん、秀吉隊の皆さん、そして沿道で勇気をくれるお客さんには心から感謝しています。

芸どころ・名古屋の人を納得させる踊りを

名古屋まつりには、会のメンバーは子どもから大人まで、基本的にほぼ全員出演します。30〜40代が中心の大人たちと子どもエイサー、もっと小さい子もいて、疲れたら乳母車に乗せて進むことも。アットホームな構成で、観客はそこも楽しんでくれる。沿道に車椅子のおばあちゃんがいたら、目の前で踊りを披露してあげると拍手喝采がおこることも。こういうことができるのは、自由度が高いエイサーならではの強みです。

秀吉隊のしんがりを務め、南国らしいエネルギッシュなパフォーマンスや愛らしい子どもエイサーで行列にいっそうの活気をもたらす

難しさは進むペースが我々にとっては速いこと。エイサーは盆踊りなので、普通は櫓の周りをぐるぐる回るくらいで、本来歩きながら踊ることはないんです。まつりが近づくと、このペースに合わせられるように何度か全体練習を行います。歌が始まったら踊るのがエイサーの基本ですが、名古屋まつりでは間奏の間も踊ったり、交差点など要所要所で止まって踊ったりと、どうすればより喜んでもらえるだろうか、常に工夫しながらやっています。名古屋は芸能に対して寛容な土地柄。でも目も肥えている。それなりのものを見せないと納得してもらえません。

コロナ禍で気づいた当たり前の大切さ

我々にとっては、名古屋まつりが活動の中のメインイベントで、ここに出られることがモチベーションになっています。コロナ禍で2年間中止になり、再開した令和4（2022）年も子どもエイサーの参加は見送られました。その年、名城公園で待機している時に、「今年は子どもたちはいないの？」と声をかけられ、ああ楽しみにしてくれている人たちがいらっしゃるんだな、子どもたちの力はすごいなあと感じました。コロナ禍がおきたことで、当たり前だと思っていることが実はとても貴重で大切なことなんだと気づかされました。

沖縄の文化であるエイサーを広く紹介したい。エイサーを見て皆さんに元気になってもらいたい。この思いはずっと変わりません。名古屋まつりが続くことが、沖縄文化、エイサーを名古屋に広めることにつながります。これからもずっと呼んでいただけるよう、一生懸命踊りたいです。

松竹衣裳

郷土英傑行列を絢爛かつ勇壮な歴史絵巻にしているのが、出演者の身を包んでいる衣装と化粧だ。その衣装の手配、現場での着付け、メイクは、それらを専門に取り扱う企業が担当している。三越提供の信長隊、ジェイアール名古屋タカシマヤの秀吉隊、名鉄百貨店提供の天狗を受け持っているのが大阪に本社を置く松竹衣裳だ（大丸松坂屋の家康隊は同じく大阪の日本芸能美術が担当）。着付け歴30余年の同社制作管理部、山本康人さんが語るその舞台裏とは——？

200人分の衣装をトラックに積んで現地入り

当社は歌舞伎、演劇、映画、テレビ、舞踊などの衣装、小道具の製作、レンタル、販売やイベントの企画などを行っています。

全国の時代行列のおまつりを担当 名古屋まつりは中でも最大級

おまつりの行列も数多く担当しています。山口県・しものせき海峡まつりのおいらん道中、和歌山県・和歌祭の武者行列…。愛知県では名古屋まつりの他にも、春姫道中、日進市岩崎春祭りの武者行列、岩倉市ふれ愛まつりの一豊行列などがあり、全国で40以上のおまつりに衣装やスタッフを手配しています。

名古屋まつりでは、信長隊におよそ30人、秀吉隊におよそ30人、天狗に数人を派遣します。鼓笛隊の衣装以外はすべて当社からのレンタルなので、200人分近い衣装、小道具などを4トン車に積んで、前日に現地入りします。

殿様、姫は観客から見て映えるメイクを施す

当日は朝8時から衣装の準備、着付け、かつら、小道具、化粧を行います。お昼までに全員の支度をして、そろって記念撮影をしてバスでスタート地点まで移動する。とにかく人数が多いので、時間内に間に合わせるのが大変です。メイクについては20〜30年前までは、担当の百貨店から〝もっと濃くして、白くして〟などの要望がありましたが、今ではほとんど我々にまかせてもらっています。信長公、秀吉公、姫様などは観客の皆さんからは少し距離がありますから、離れたところから見ても映えるようなメイクをほどこしています。

時代衣装に身を包んでいるからこそのハプニングも

行列が始まったらスタッフは、各百貨店のはっぴをはおってねり歩きま

す。
　これまであったハプニングでは、山車に乗って行列が始まったら基本的に終わるまで降りられないのですが、途中どうしてもトイレに行きたいという方がいらっしゃって、山車を停めたことが一度だけありました。山車の上でコンタクトを落としてしまい、裸眼だとほとんど見えないというので、下ろす時にすごく注意して大変だったことも。

　地上を歩くのが疲れると思われがちですが、山車の上で座っている方がむしろ大変。ひざを曲げた同じ姿勢のままで2～3時間座っていなければならないので、体が固まってしまって、やはり降りる時に苦労するんです。

　大須商店街でのパレードの際には、お店の看板に信長公の頭があたってかつらが飛んでしまった、なんてこともありました。

　名古屋まつりは当社が担当する全国の行事の中でも、最も規模が大きなおまつりです。これからも、英傑や姫を演じられる方、そして観客の皆さんの記憶に残るよう、私たちも一生懸命支えていきたいですね。

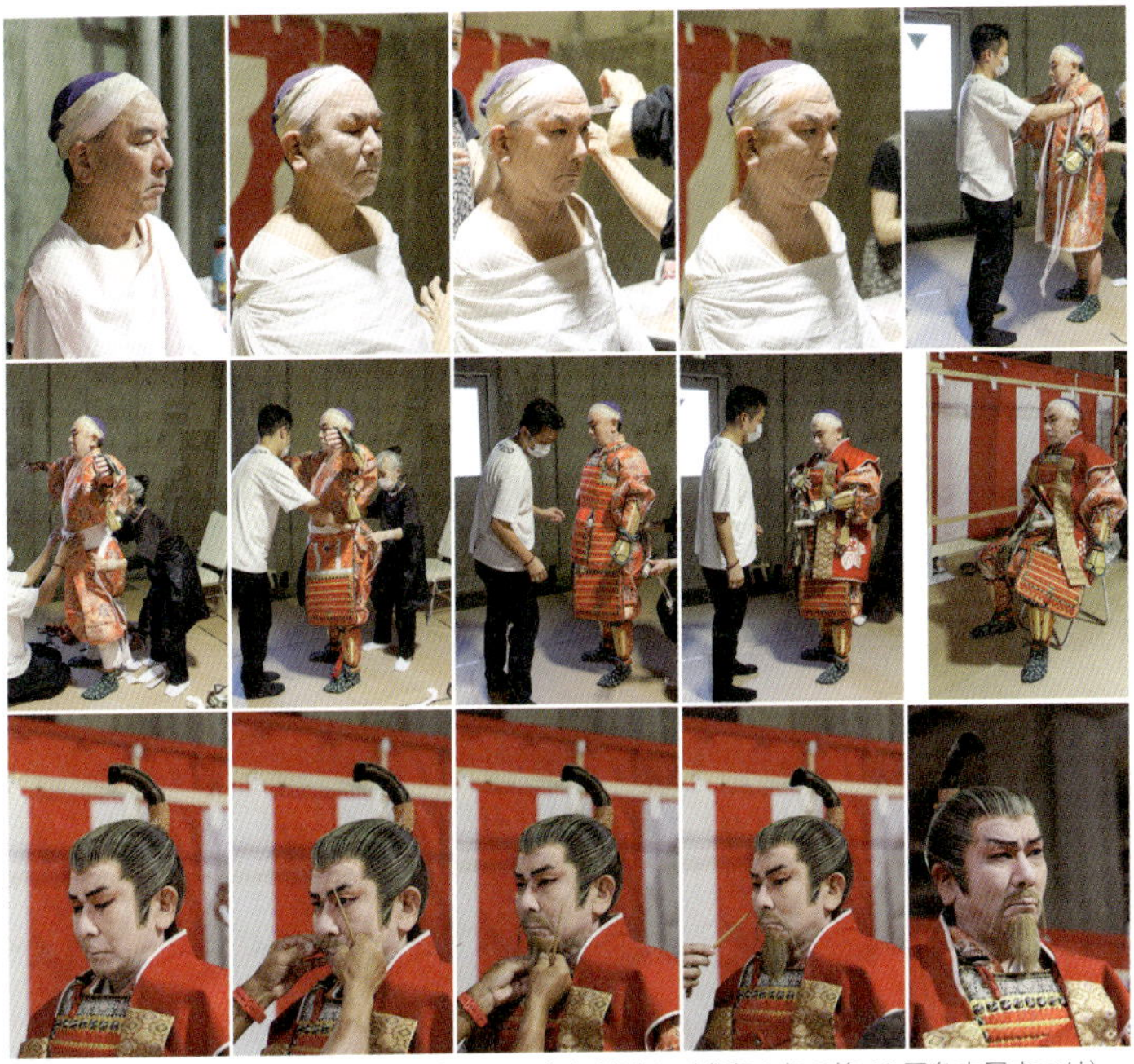
メイク、着替えでみるみるうちに秀吉公のできあがり！（令和４年の第68回名古屋まつり）

広い倉庫などをベース基地にして出演者に甲冑や着物を着付けていく

シャチばやし隊

地域を支える女性たちが一糸乱れぬ踊りで華を添える

三英傑を先導する形で登場するのがシャチばやし隊。そろいの浴衣に身を包んだ女性たちが、三英傑の天下統一を餅つきに例え、信長がこねて、秀吉がついた天下餅を、家康が丸めて永久平和を願う。そんな物語をおはやしで表現している。メンバーは通称・女性会（名古屋市地域女性団体連絡協議会）の皆さん。昭和38（1963）年の第9回以降、郷土英傑行列に華を添えている。会長の伊藤和子さんに話を聞いた。

両手の紅葉がきれいに揃うのが誇り

女性会は昭和23年に〝婦人の地位向上〟を目指して結成された70年以上の歴史のある団体です。かつては婦人会と呼ばれていました。学区ごとに女性会があり、会員数は名古屋市中で約2万人。PTAを卒業した母親が参加するケースが多いので、50代以上が中心です。〝地域の世話焼きおばさん〟として子育ての支援や地域の人と人をつなげる活動をしています。

名古屋まつりのシャチばやしには例年100名前後が参加。学区ごとに希望者を募って、皆さん任意で参加されています。強制ではありません。前向きに楽しまなければ笑顔は出ませんからね。

毎年2～3割は初参加の方ですが、踊りの動作は比較的簡単なので何度か練習すれば踊れるようになります。重要なのは両手に持った紅葉。これを全員揃えて上げるのが私たちの誇り。これが揃っていないときれいに見えませんから。

まつりが近くなると学区ごとに練習をして、2回ほど全体練習を行っています。名古屋市が作成した教材のCDもありますが、最近は皆さんYouTubeに上がっている動画を見て参考にしているようですね。

浴衣はここ10年ほどは変わらない柄で、毎年名古屋市が新調して支給してくれています。まつりが終わったら着ていた本人が記念に持って帰るか、学区で保管して翌年からの練習用などに使うか、そのあたりの判断は学区にまかせています。

踊りのために道路が解放される優越感

女性会は、名古屋城宵まつりやファミリーデーなごやなど一年を通していくつもの行事に参加していて、名古屋まつりは中でも楽しみのひとつです。普段は車が行き交う道路で踊れるなんて他にはない機会ですし、誰もが歩けるホコ天ともまた違います。私たちの踊りのためにこの道路が開放されているんだと思うとすごく優越感があるんです。

ただ、草履で踊りながら進むと意外とアスファルトの上は凸凹していて足を取られてしまうので、そのへんは注意が必要です。

第57回シャチばやし隊

沿道には家族が応援に来てくれることも多い。でも、踊っている本人は沿道に誰が来てくれているのか分かるのですが、笠をかぶっているので沿道からだと踊り手の顔は案外分かりません。何度も参加しているベテランは列の外側に入ってもらい、新しく参加した人は列の内側に配置するようにしています。

婦人の願いは平和への道

婦人なごや

発行 名古屋市地域婦人団体連絡協議会

昭和39年10月20日（火曜日）（第13号）

家庭教育学習目標

学習活動部会

新生活部会

国際的見識を広める 前田主事が海外視察

たくましい努力で あすをば築こう

写真は参加ともに名古屋まつりに協賛参加した婦人会代表の"鯱音頭"踊り

心に思ったままを お聞かせください

参加2年目の昭和39（1964）年の会報誌『婦人なごや』。"鯱音頭"踊りと紹介されている

まつり後のパンが不思議とおいしい！

踊り終わったら着替え用の場所でパンが支給されるのですが、そのパンがすごくおいしいんですよ（笑）。ごく普通のパンなんですけど、踊りきった達成感があるからなんでしょうね。それを食べて、また明日も頑張ろう！という気持ちになるんです。

名古屋まつりのシャチばやし隊は、私たち女性会の伝統としてずっと続けていきたいと思っています。「どうやったら出られるんですか？」とよく聞かれるんですが、女性会に入れば出られます。興味のある方は地元の会に入っていただき、地域の活動に励んでいただいた上で、一緒にシャチばやしを踊りましょう！

アナウンサーになったお姫様

第60回名古屋まつり 千姫

東海テレビ 犬塚しおりさん

「お化粧をしてもらった自分を見て、〝かわいい孫娘じゃなくお姫様だ！〟と気持ちを引きしめました」

郷土英傑行列の華である三姫は、英傑各隊を担当する百貨店の女性社員がその役を担うのが通例。そんな中、12歳のアイドルとして第60回名古屋まつりの千姫役に抜擢されたのが犬塚しおりさんだ。それから10年、彼女は地元・東海テレビのアナウンサーになっていた！ 姫からアナウンサーへ。異例の転身を遂げた犬塚さんがふり返る姫体験記。

アイドルとして初仕事が千姫役

当時は中学1年生。アイドルを目指して全日本国民的美少女コンテストに参加していました。その一環として大丸松坂屋の特別オーディションがあり、それに通って東京の本選に参加できることになりました。その時のご縁で、松坂屋さんが名古屋まつりの千姫役にと声をかけてくださったんです。

まだ事務所に入って間もない頃で、私にとって初めてのお仕事でした。名

第60回名古屋まつり・千姫の犬塚しおりさん

古屋まつりは何度か観たことがあってキラキラした世界という印象を持っていました。名古屋のこんな大きなお祭りの大切な役を自分ができるなんて、とすごくうれしかったことを今でも覚えています。

まつりの半月ほど前に三英傑と三姫のお披露目の記者発表があるのですが、私は学校の授業があるので出席できなかったんです。でも、松坂屋さんが私の顔のパネルを用意してくださり、パネルが代理で出席してくれました（笑）。

学校が終わり次第、市役所に駆けつけて、衣装合わせには間に合いました。着物はオレンジの明るい色味でかわいらしく、着物に袖を通すのも七五三以来なのでドキドキしました。

姫らしく
シャキッとしなきゃ！

メイクまで全部ちゃんとやってもらうのは、まつり当日が初めて。それまでは家康様の孫娘なので、かわいげのある感じでいいのかなと思っていたんですが、メイクや衣装が出来上がっていくのを見て、「違う、お姫様だ！」とあらためて気づきました。背筋を伸ばしてお姫様らしくシャキッとしなきゃ、と気持ちを引きしめました。

行列がスタートすると、これまでは沿道から観ている立場だったのに、逆に観られる側になってちょっと不思議な気持ちでした。ありがたいことに乗っていた山車が私のことを「国民的美少女コンテストのファイナリストの〜」とずっとアナウンスしてくださってうれしかったです。さらにそれに負けないくらい皆さんがずっと歓声を上げて手を振ってくださるんです。本当にたくさんの方たちが沿道にいらして、名古屋まつりって愛されているおまつりなんだな、と実感しました。

あんなに多くの方たちに笑顔で手を振ってもらえることなんて人生初めて

でしたし、今後もおそらくないと思います。

名古屋まつりにアナウンサーとして参加！

名古屋まつりの出演以降、アイドルとして活動を続けました。アナウンサーに憧れるようになったのは高校生の時に名古屋のテレビ番組に出演したのがきっかけです。初めての生放送ですごく緊張していたんですが、アナウンサーの方が優しく話しかけてくれたのがうれしくて。こういう人になりたいな、と考えるようになりました。

今年（令和6＝2024年）、東海テレビにアナウンサーとして入社しました。実は入社試験の時に名古屋まつりで千姫をやったことをアピールしようと思っていたんですが、何となく言うタイミングを逃してしまって…。それが心残りでいたのですが、今回の取材であらためてお話しする機会ができてうれしいです（笑）。

それに、名古屋まつりにもアナウンサーとしてかかわれることになったんです！ 郷土英傑行列を解説する先導車は名古屋の民放5局が持ち回りで担当していて、今年が東海テレビの担当年。そこで私がアナウンスを担当することになりました！ 上司によると、やはり千姫経験者であることも選ばれた理由のひとつだったようです。しかも私が千姫を演じてからちょうど10年。姫役をやって以来忙しくてなかなか観に行くこともできていなかったので、まったく違う立場で名古屋まつりに参加できることになってとてもうれしいです。でも、もうお姫様ではないので、引き立て役に徹して、力を込めてしっかり名古屋まつり、英傑と姫の魅力を伝えられるように頑張ります!!

沿道の観客に向かって手をふる犬塚・千姫。この年は2日間とも晴天に恵まれた。12歳の中学生が千姫を演じるとともに、信長、秀吉に初めて女性が選ばれた異例の年だった。

犬塚しおり

名古屋市出身。平成26（2014）年の第60回名古屋まつりで、史上最年少の12歳で千姫を演じる。その年の国民的美少女コンテストでグラビア賞を受賞。同コンテストのファイナリストで構成されるアイドルグループ「X21」のメンバーとして活動。令和6年、東海テレビ入社。担当番組は『おぎやはぎテラス』『スイッチ！』『ニュースONE』『テレビ日曜夕刊』など。

III

あこがれの英雄に

三英傑になれなかった男

郷土英傑行列 落選者 インタビュー

きくち教児さん

郷土英傑行列の主役である三英傑は、現在基本的に公募制。名古屋在住または在勤の25歳以上であることが条件で、外国人や女性にも応募資格がある。毎年、各武将になりたいと多くの応募があるが、当然選ばれるのは毎年3名のみ。涙を飲んでいる人がその何倍も存在する。ここでは「三英傑になれなかった人」をインタビュー。なぜ英傑になりたいのか？　なぜその願いは叶えられなかったのか？　もし再びチャンスがあれば何を成し遂げたいのか…？　名古屋を拠点に活躍するタレントのきくち教児さんは、2023年に徳川家康役に名乗りを上げ、しかし残念ながら落選。リベンジに燃える（？）その思いを尋ねた。

健康が一番！
家康様になれば説得力もアップ

歳をとっても心身ともに健康で、死ぬまで元気でいよう！　家康様に少しでも近づいて健康と平和の伝道師になりたい！　そんな思いで、英傑行列の

既に一度、家康様になっている（!）。某テレビ番組で家康公の甲冑を身につけて犬山城に登城した

家康様役に応募しました。

家康様は常に健康に気を遣って、あの時代に75歳まで生きた長寿の人でした。自分で薬草を栽培して薬研《やげん》ですって漢方薬を調合した。鷹狩りの時には馬に乗らずに走って行った。風呂は熱海から温泉を運ばせていた。その一方で日本中から献上されるうまいもんをたくさん食べていた。子どもを25人もつくった。運動して、サプリを摂って、いいもん食って、子宝に恵まれて。最高じゃないですか！

僕も歳を重ねるにしたがって、健康が一番大事だと実感するようになり、講演でも健康をテーマにお話しする機会が多い。こうした活動の中で、僕自身が家康様になれば話す内容にも説得力が増して、より多くの人に健康の大切さを伝えられると考えたんです。

家康はおいしくご飯を食べるために平和の世を築いた

もともと特別に歴史好きというわけではないんです。尾張で好きなのは八代藩主・宗春公。あの人はおいしくめしを食べてたんじゃないかなぁ（笑）。

……と、それくらいの興味だったんですが、東洋医学に興味を持って、医食同源の観点から日々の暮らしを見直すようになって、家康様にも興味を抱くようになりました。

東洋医学では胃袋＝心だという考え方をします。食事をおいしく摂るには精神の安定が欠かせません。心身が落ち着いているとご飯もおいしいんです。家康様はそれがわかっていた人。幼い頃は人質にとられたりして心が安まらない経験もしている。一族の領袖となっても、いつ敵が襲ってくるかわからない、常に命の危険がある、毒味役がいないと安心して食事もできない……、そんな状況ではどれだけご馳走が出されてもおいしいわけがありません。生命の源である食事をおいしくいただける世の中にしなくてはならない。そういう思いがあったからこそ、戦乱の世を終わらせて平和の時代を築いたと思うんです。

『どうにかしたいなぁ家康』の精神でシニアも元気に

僕はテレビのレポーターとして全国の素晴らしい食材や有名なお店の料理を食べて紹介してきましたが、おいしさを決めるのは、どんな心持ちで誰とどんなシチュエーションで食べるか、なんです。

そんな想いの原点はホテルマンとしての経験です。調理師の資格を取ってホテルに就職したんですが、配属されたのはサービスの部署で、ブライダルを担当しました。最初は、俺は料理がつくりたいのに……と思ったんですが、やってみたら肉を切っているより人と接している方が面白い（笑）。婚礼というのはMCが仕切って、会場にいる何十人何百人の人たちを感動させているんですね。それに憧れて声色をまねたりしていて、しゃべることに興味を持つようになりました。その後、テレビでレポーターをやるようになり、『ズームイン!!朝！』で中京テレビの初代レポーターを担当させてもらったりして、本格的にタレント活動をするようになった。でも、タレントとしての意識も、皆さんのお役に立ちたい、というのが根本にあるんです。

　僕はお酒も大好きだし、仲よくしている人と夜通し深酒することもある。でも、胃腸が疲れていたら翌日はしっかり休ませるなど、健康を保つためのやり方があるんです。僕は今、70歳ですがいたって元気。でも、おろそかにしていたらアッという間に体は動かなくなります。これは自分だけの問題じゃありません。高齢者が医療のお世話になるほど僕たちの子どもや孫の世代に負担がかかる。だから僕らの世代が普段から健康を保って、可能な限り自分たちで何とかしよみゃぁ、と思うんです。『どうする家康』じゃなくて、『どうにかしたいなぁ家康』なんです。

今年も挑戦！ きくち家康になりたい!!

　今では家康様の人柄、生き様に心酔して、ゆかりの地も訪ねています。久能山東照宮も鳳来山東照宮もお参りしました。日光はまだですがもちろん行きたいと思っています。鷹狩りの際に馬に乗らずに走ったという逸話にならって、タクシーやエレベーターはなるべく使わず歩くようにしています（笑）。

　こういう思いを応募要項につづって応募したんですが、残念ながら落選してしまいました。落選理由は当然、知らされませんからわかりません。名前は知られていますから、もしかすると売名行為じゃないか？と勘ぐられてしまったのかもしれませんね（苦笑）。

　名古屋まつりは、僕はずっと取材する側だったので外から見た魅力も知っているし、もしも家康様になれたら今度は内から見ていろんなことを伝えることができる。家康様の魅力はもちろん、名古屋まつりの面白さもまた違った形で知ってもらうことができるはずです。

　今年（2024年）ももちろん一市民として応募します。「きくち家康」として皆さんとお会いできればと思いますので、ご期待ください!!

きくち教児
1953年、岩手県釜石市生まれ。愛知県立横須賀高校卒。国際観光ホテル名古屋キャッスルに4年間勤務した後、タレントに転身。日本テレビ系の『ズームイン!!朝！』で中京テレビのレポーターを担当し、一躍人気者に。以後、東海地方および全国区の数々のテレビ番組に出演する。名古屋市内で鍼灸治療院を開設し、鍼灸師としても活動する。

※この記事のインタビュー、制作は令和６年第70回名古屋まつりの英傑役発表前に行われました。

これであなたも三英傑！

書類選考＆最終面接 傾向と対策

名古屋まつり郷土英傑行列の三英傑役は一般公募。あなたにも憧れの天下人になるチャンスがある。審査は一次＝書類＋二次＝面接の二段階。すなわち敵陣のふたつの砦を突破すれば、天下取りの夢を叶えることができるのだ。

　もちろん、戦に勝つには周到な準備と戦略が不可欠。そこで、とっておきの作戦をここで伝授しよう。すべて歴代の三英傑の経験を踏まえた助言を元にした策なので、これを頭にたたき込んで対策を練りあとは天を味方につければ合格率は100％(!?)。

　これでそなたも英傑の仲間入りじゃー！

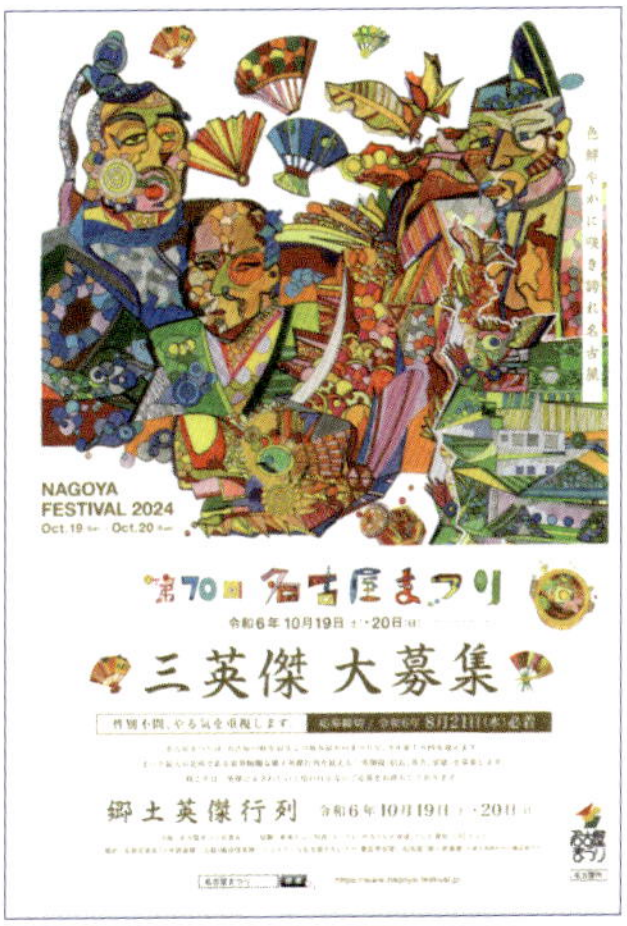

郷土英傑行列　応募資格

性別不問、やる気を重視します。

1. 名古屋市在住、または在勤の方
2. 25歳以上の方（開催年4月1日現在）
3. 次のスケジュールで必ず参加できる方

・面接審査／令和○年9月□日
・記者発表／令和○年9月■日
・名古屋まつり郷土英傑行列／令和○年10月△日（土）・☆日（日）

面接編

知られざるエピソードで心をわしづかみ！

　自分がなりたい英傑の功績、人柄を頭に入れておくのは当たり前。できれば審査員も知らないようなマニアックなエピソードを持ちネタに仕込んでおきたい。例えば秀吉であれば、薪奉行時代に広大な山の木の本数を数えるのに、適当な長さの縄を多数用意して一本ずつに巻き付け、使った縄の数で木の本数を割り出した…など。それをユーモアもまじえながら解説し、審査員が「ほぉ～」と感心する表情を見せたらしめたもの。

ただし歴史オタクでは共感を得られない

　歴史に通じているにこしたことはないが、それだけで決定打にはならない。歴史にしか興味がないオタクと思われてしまっては逆効果になることも。求められるのはあくまで人間力。取り組んできたこと、仕事・社会活動に対する情熱、名古屋への思いの深さなどを力強く訴えたい。

書類審査編

なぜその英傑になりたいのか?

「志望動機・自己ＰＲ」欄には、仕事での実績、趣味の幅広さなどの証となる表彰歴、資格などは遠慮なく記載する。特に公共性の高い活動は好印象になる。ちょっと変わった資格などがあると審査員の関心を引けるかも

実績、表彰歴、資格は臆せず書く

なぜ自分は信長になりたいのか?秀吉を選んだのか?　家康に応募したのか?　自分との共通点、自分にはない憧れる点などを明確にしてアピールすること。三英傑なら誰でもいい、ただ何となく、目立てばいい…なんてあやふやな志望動機では役を勝ち取ることなど夢のまた夢だ。

写真に手を抜くべからず!

書類で何より印象に残るのは写真。ポイントは応募する英傑のイメージに合った表情。信長であれば眼光鋭いどアップ。秀吉なら知性の中に愛嬌を漂わせる。家康は貫禄と余裕を前面に。本番では眼鏡着用不可なので、普段眼鏡を使用している人も眼鏡無しのキメ顔で。着物と扇子を使うのもいい。できることならプロのカメラマンに撮影を依頼しよう。渾身の一枚で本気度を印象づけるべし!

ハッタリと気合いで〝自分推し〟

戦国武将たる者、弱気は禁物。「我こそが信長にふさわしい!」「必ずやこの私が秀吉となり、まつりに華を添える!」「家康になるべきは私をおいて他にない!」と堂々とした自己アピールを。この人を合格させなければ…と思わせるくらいの気合いを文面からほとばしらせたい。演者たるものハッタリもあり。

大河ドラマ頼みではありきたり

「希望する英傑の役で思いつく俳優や作品は?」も定番の質問のひとつ。大河ドラマで演じた役者を挙げるのも定番の回答だが、ありきたりで印象が薄くなってしまう恐れも。映画、ゲーム、コミックなど、意外性のある描き方の作品からお気に入りをピックアップしておこう。

市政の問題、話題に通じておくべし

市政、県政や国政の話題や問題を取り上げ、「もし信長（秀吉、家康）が今の時代に生きていたらどうするか?」も想定される質問。例えば「大規模地震への防災意識を高めるには?」「為政者の裏金問題をなくすには?」など。英傑らしさがあり、かつポジティブな回答で対処したい。

自己アピール1分は厳守。予習は原稿&音読が必須

最初の自己アピールはいきなりの山場!熱意、人間力をしっかりとアピール。持ち時間は1分間で時間厳守。オーバーすると鐘がチーンと鳴らされて強制的に打ち切られる。あらかじめ原稿にまとめ、音読して頭にたたき込んでおくこと。

回答の順番はシャッフルあり。油断禁物

面接には各英傑の候補者5人ずつが集められる。質問に対して端から順に答えていくが、順番は平等を期すためにシャッフルされる。「3番目だから考える時間が稼げてラッキー」と安心していると次はいきなり一番手、ということもあり得る。質問に対してはすぐに回答を思い浮かべておきたい。また、5番目になった場合、似たような回答ばかりだと平凡と見られてしまう。他の候補者とかぶらないよう複数の回答を用意しておくのが望ましい。

不戦敗（無回答）は絶対にNG！

候補者をわざと困らせるような、非現実的だったり突拍子もなかったりする質問もお約束。「信長を動物に例えるなら?」「秀吉を漢字一文字で表現するなら?」「家康がYouTuberになったらどんなチャンネルタイトルに?」など…。想定外の質問が飛んできても「思いつきません」は絶対にダメ。どんな答えでもいいのでとにかく戦に参加する。「え〜」「あの〜」もダメ！ 答えははっきり端的に。詰まっても面接官の顔を見て自信を持って回答するべし！

笑いを誘う回答を1回

どの質問にも真剣に熱意を感じさせる受け答えをしたいが、時にユーモアを交えて笑いも取りたい。質問の意図を読み取り、突拍子もないタイプの質問には、笑いを誘う回答を返すのが理想的。面白いことをいわなければと思うとかえって難くなってしまう。仕草、表情、言葉の選び方で、緊張感漂う面接会場の空気のゆるめられればしめたもの。

パフォーマンスは堂々と

口頭の回答ではなく、パフォーマンスを求める質問が飛び出すことも。例えば「信長になった気持ちで歩いてみてください」など。ここで照れたり恥ずかしがったりするのは禁物。行列で英傑を演じる時のリハーサルと解釈し、格好のチャンスととらえよう。審査員と候補者は向かい合う形なので、テーブルを飛び越えて審査員の目の前でパフォーマンスし、合格を勝ち取ったという経験者も。インパクトのある演技を心がけよう！

奇抜な衣装は逆効果（？）

面接に臨む際の衣装は基本的にスーツかジャケット。三英傑役はいわば市の〝顔〟でもあるため、強い個性を持ちながらも常識人であることも求められる。うつけ者の信長にならって奇抜な衣装を身にまとっても、審査員ウケは決してよくない可能性が高い。自身の仕事着、しかも清潔感を感じさせるものであれば許容範囲か。

20代、女性、外国籍にワンチャンあるかも(!?)

性別、国籍を問わず、年齢は25歳以上、が三英傑の応募資格。しかし、過去に女性の三英傑は2人のみ（第60回の信長、秀吉）。外国人は一度もない。20代の合格者は信長2人、秀吉1人だけだ。「今年の信長は○○国出身！」「女性が初めて射止める」「英傑も若返り！20代が秀吉役家康に！」などのキャッチコピーは、市の多様性に対する懐の深さもアピールできる。そろそろこれまでにないパーソナリティの英傑が登場する、かもしれない(!?)

三英傑役面接会場　提供＝ササキ家康

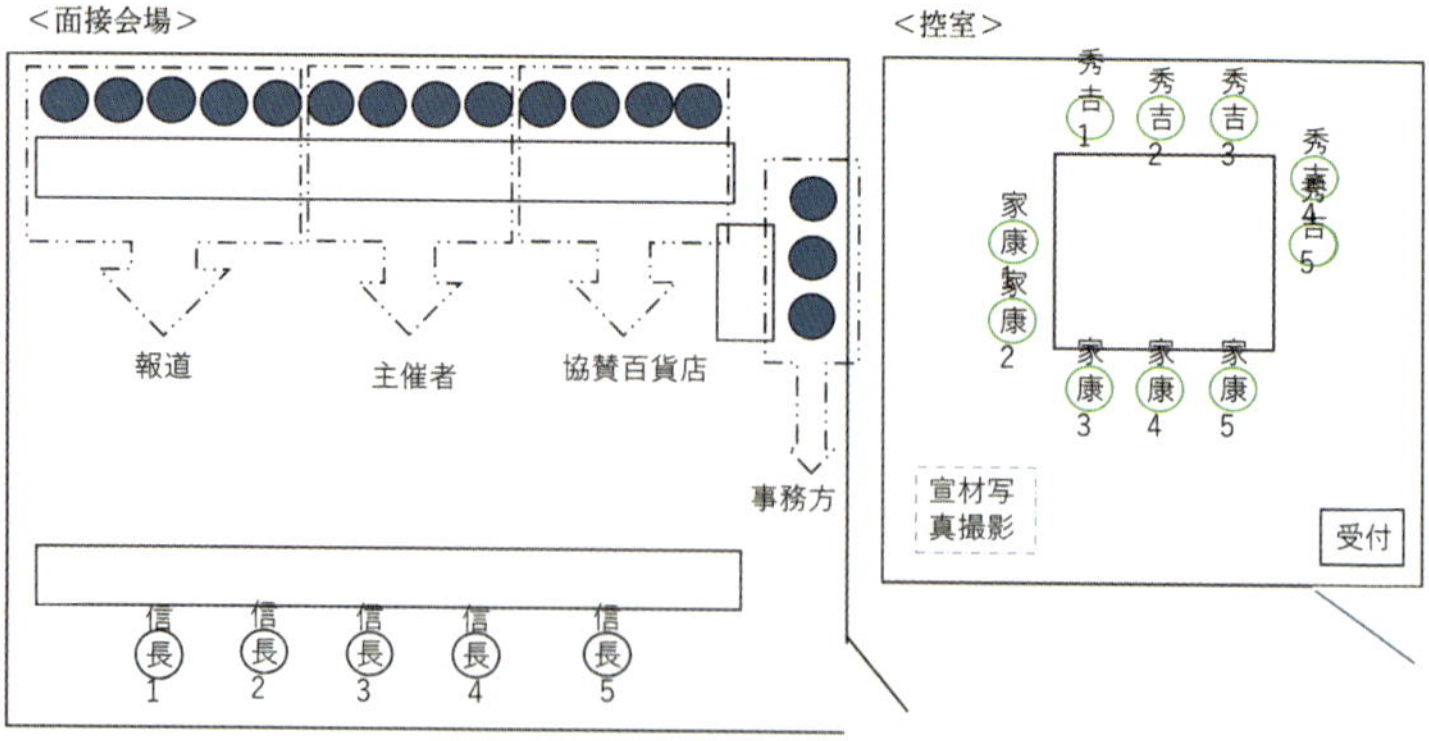

募集要項（裏面）

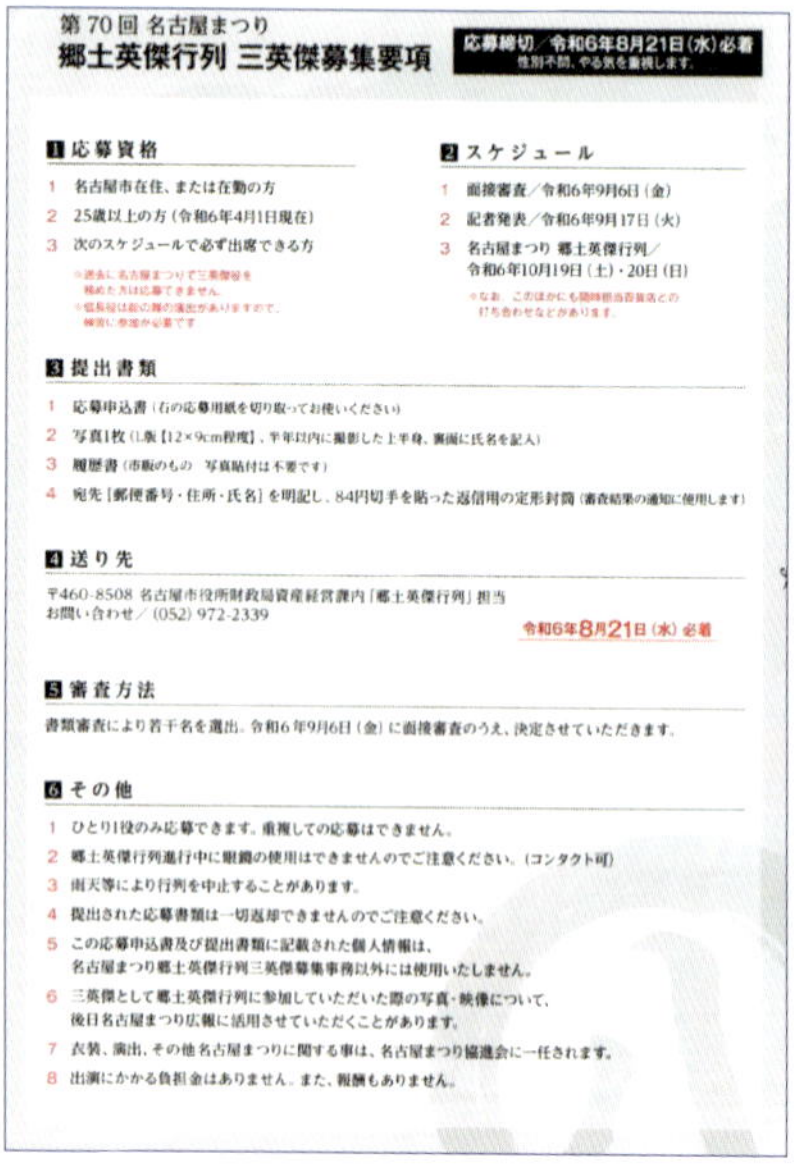

第70回 名古屋まつり
郷土英傑行列 三英傑募集要項

応募締切／令和6年8月21日（水）必着
性別不問、やる気を重視します。

1 応募資格

1 名古屋市在住、または在勤の方
2 25歳以上の方（令和6年4月1日現在）
3 次のスケジュールで必ず出席できる方

※過去に名古屋まつりで三英傑役を務めた方は応募できません。

2 スケジュール

1 面接審査／令和6年9月6日（金）
2 記者発表／令和6年9月17日（火）
3 名古屋まつり 郷土英傑行列／令和6年10月19日（土）・20日（日）

※なお、このほかにも関係担当百貨店との打ち合わせなどがあります。

3 提出書類

1 応募申込書（右の応募用紙を切り取ってお使いください）
2 写真1枚（L版【12×9cm程度】、半年以内に撮影した上半身、裏面に氏名を記入）
3 履歴書（市販のもの　写真貼付は不要です）
4 宛先［郵便番号・住所・氏名］を明記し、84円切手を貼った返信用の定形封筒（審査結果の通知に使用します）

4 送り先

〒460-8508 名古屋市役所財政局資産経営課内「郷土英傑行列」担当
お問い合わせ／(052) 972-2339

令和6年8月21日（水）必着

5 審査方法

書類審査により若干名を選出。令和6年9月6日（金）に面接審査のうえ、決定させていただきます。

6 その他

1 ひとり1役のみ応募できます。重複しての応募はできません。
2 郷土英傑行列進行中に眼鏡の使用はできませんのでご注意ください。（コンタクト可）
3 雨天等により行列を中止することがあります。
4 提出された応募書類は一切返却できませんのでご注意ください。
5 この応募申込書及び提出書類に記載された個人情報は、名古屋まつり郷土英傑行列三英傑募集事務以外には使用いたしません。
6 三英傑として郷土英傑行列に参加していただいた際の写真・映像について、後日名古屋まつり広報に活用させていただくことがあります。
7 衣装、演出、その他名古屋まつりに関する事は、名古屋まつり協進会に一任されます。
8 出演にかかる負担金はありません。また、報酬もありません。

三英傑役 年齢の傾向

※公募制導入以降の年齢が公表されている年のデータから算出したもの

	平均	最年少	最年長
信長	47.7歳	27歳	67歳
秀吉	50.5歳	29歳	64歳
家康	54.1歳	37歳	71歳

※ここに記した質問や対処法は歴代英傑による英傑会会員の方たちの経験をもとにまとめたものです。あなたが応募する際には、内容など変わっている場合もありますのでご了承ください

イケメン三英傑らで人気沸騰！

「名古屋おもてなし武将隊」はなぜ人気者になったのか？

三英傑を中心に戦国武将が現代によみがえった名古屋おもてなし武将隊
©2009 Nagoya Omotenashi Busho-Tai Secretariat

長屋良行さん

「地元ゆかりの偉人が３人もいるなんて、北海道出身の私からしたらうらやましい限り。海外での観光キャンペーンの際にもサムライは非常に大きな武器になる。これからももっと名古屋を盛り上げたいと思っています」

名古屋まつりの郷土英傑行列の他にも、現代によみがえって活躍する三英傑がいる。名古屋おもてなし武将隊である。信長、秀吉、家康の三英傑を中心に、前田利家、前田慶次、加藤清正、そして陣笠隊の合わせて10名が、名古屋城を拠点とし、多くの観光客を引き寄せている。彼らはどのようにして生まれ、尾張の地に何をもたらし、この先どんな世の中をつくろうとしているのか？　仕掛け人の三晃社・長屋良行さんに尋ねた！

歴女ブームに乗りきれなかった愛知の「武将観光」

名古屋おもてなし武将隊は２００９年11月にデビュー。２０２４年11月で15周年を迎える。誰も予想をしていなかった大ブレイクを果たし、今や名古屋の観光にはなくてはならない存在だ。彼らは一体どのように生まれ、人気を獲得してきたのだろうか？

「背景は2004年に始まった愛知県の『武将観光』。『武将のふるさと愛知』というホームページを立ち上げることになり、全国の大名の出自を調べると、何と7割くらいが尾張と三河、つまり現在の愛知県の出身であることが分かった。県内のいたるところに武将ゆかりの地があり、これを貴重な観光資源にできると考えました」（長屋さん。以下同）

しかし、成果は思うようには上がらなかった。

「当時は産業観光全盛の時代で、愛知県もモノづくりの関連施設を観光地として積極的に推していました。対抗して『武将観光』というワードをつくったのですが、観光客の数は伸びてくれない。しばらくするとアクションゲーム『戦国BASARA』がヒットし歴女ブームが起こって、〝よし、今度こそ愛知に来てくれる！〟と意気込んだのですが、みんな素通りして関ヶ原や長野、仙台へ行くんです。なぜ？と思ったら、彼女たちが好きなのは悲劇のヒーローで、人気があるのは関ヶ原の合戦で負けた西軍についた石田三成、大坂夏の陣で家康に敗れた真田幸村、他では伊達政宗ら。対して三英傑は、彼らの前に立ちはだかる大魔王、仇役のラスボスなんです（苦笑）」

河村たかし名古屋市長誕生で空気が一変！

実はこの頃、当の名古屋市は「平和都市」を標榜し、武将観光に対して冷ややかな立場だった。しかし、そんな空気が一変する事態が起こる。

「河村たかし市長が2009年4月に誕生するんです。河村市長は、祖先が徳川宗春の家臣で、自ら信長の甲冑を身につけて登庁するほどのサムライ好き。なおかつこの翌年に名古屋開府四百年を控えていて、名古屋の歴史と武将をからめて観光PRに努めよう！と職員にもはっぱをかけることになった。空気がガラッと変わりました」

新しい観光PRプランの財源になったのが国の雇用対策基金「ふるさと雇用再生事業」。失業者をイケメン武将に仕立てて観光PRをするという行政の事業らしからぬウルトラC的なプロジェクトだった。これを通すために名古屋市がひねり出したのが「おもてなし」というワード。観光スタッフとしておもてなしを身につけさせるという名目があれば、採用者の職業訓練として成り立つという理屈である。こうして「名古屋おもてなし武将隊」プロジェクトは動き出すことになる。

観客ゼロからまさかのブレイク！

志望者の中から10人を選抜し、2009年11月3日、いよいよ名古屋城内でお披露目となる結成式が開かれた。しかし、この日の一般客はゼロ。報道陣以外に、イケメンの武将たちの姿に目を向ける人はいなかった。その後もしばらくは観客は数えるほど。演武や寸劇の出来にも日によってブレがあり、酷評されてメンバーが落ち込むこともあったという。

名古屋城での演武は天守の東側の二之丸広場で行われ、多くのファンが武将隊を取り囲む。年パスで通いつめるリピーターも多く、名古屋城の入場者増にも大きく貢献している

しかし、その悔しさをバネに訓練を重ねてパフォーマンスに磨きをかけると、週末の演武の見学者の数がじわじわと増えていった。その大半は若い女性。しかも、東京などわざわざ遠方から足を運ぶ人、名古屋城の年間入場パスを購入してくり返し会いに来るリピーター、自身も甲冑を身につけたコスプレイヤーなど、熱心なファンの姿が目立つようになる。やがて、武将隊を取り囲む観客の輪がどんどん大きくなり、年末の頃になると週末は観客が数百人、日によっては千人を超えることも珍しくなくなった。

「ブレイクするってこういうことなのか！と初めて実感しました。キャーキャーと黄色い声援が飛び、終演後は記念撮影やサインを求めて長蛇の列ができる。アイドルのような存在になるなんて誰も思っていませんでした」

もともとは半年の活動期間の計画だったが、人気沸騰をうけ翌年3月以降も活動を継続。2010年の結成一周年式には名古屋城に何とファン3000人が殺到する事態に。ブログには1日5万ものアクセスが殺到し、写真集やCDの発売、舞台公演の開催、国内外のイベントへの遠征出演と活躍の幅はどんどん広がっていった。

4年目の2012年3月には国の「ふるさと雇用再生事業」が終了。翌4月に「名古屋おもてなし武将隊」は名古屋市から独立し、活動はそれまで通り三晃社が運営管理を行うことになった。以後、メンバーチェンジをくり返しながらもパフォーマンスのクオリティを維持し、さらに活動はJリーグ名古屋グランパスとのコラボ、地域の商店街の町おこし、歴史をテーマとした授業やツアーなど、より地域に根ざしたきめ細かいものになっていく。

名古屋城の来場者は6割増 経済効果210億円！

2010〜2019年の10年間で、武将隊の活動によって増加した名古屋市内の観光客数はおよそ200万人。経済効果は210億円と算定されている（三菱UFJリサーチ&コンサルティング調べ）。名古屋城の年間入場者数は約130万人から220万人と実に60%増。本丸御殿や金シャチ横丁が完成した効果もあるが、女性を中心に若者が増えているのは明らかに武将隊の影響といえる。さらに「武将都市ナゴヤ」というブランドが全国に認知され、観光資源に成長したことはまぎれもなく武将隊の功績だ。

演武の際も三英傑は大活躍。キレのあるダンス、殺陣の他、コミカルな寸劇、ミニ歴史講座など内容は盛りだくさん
©2009 Nagoya Omotenashi Busho-Tai Secretariat

影響は名古屋、愛知にとどまらず、全国各地で武将隊が誕生するきっかけにもなった。地元の英雄である戦国武将が町おこしや観光PRの活動に取り組む武将隊は、今ではおよそ100組にもおよんでいる。

「三英傑」が地元に揃う贅沢さ

総勢10名の名古屋おもてなし武将隊だが、核はやはり三英傑。3人が郷土の偉人として揃っている。これは他にはない財産だと長屋さんはいう。

「普通は名前の知られた偉人が地域に1人でもいればいい方ですよね。ところが名古屋は日本史上最も有名な3人が揃っている。『三英傑』という言葉自体がとても贅沢です。他にも功績を残した武将は枚挙に暇がないほど。これだけ歴史コンテンツが豊富な地域は、愛知・名古屋の他には京都くらいじゃないでしょうか」

そんな郷土の誇り、三英傑になりきることができる。その根本的なコンセプトにおいて、名古屋まつりの郷土英傑行列と名古屋おもてなし武将隊は共通しているともいえる。

「名古屋の皆さんは三英傑を当たり前だと思ってありがたみに気づいていないように感じます。他の地域ではもっとデリケートで、郷土ゆかりの武将は神格化され、一般の人がおいそれと扮することができない町も少なくありません。名古屋市はいい意味で三英傑を特別視していなかったから武将隊のような活動も可能になったし、郷土英傑行列のように毎年市民が演じるということができたのかもしれません（笑）。それでも、15年続けてこられたのは市民の皆様に愛されてきたおかげ。これからも100年続く名古屋独自の文化となることを目指していきます！」

名古屋おもてなし武将隊は名古屋まつりのパレードにも参加している。同じ行事に複数の三英傑が参加するのは一種のパラレルワールドのようで、これもまた歴史ファンにとっては贅沢の極みといえる。三英傑の競演も名古屋まつり郷土英傑行列だからこその豪華な演出として楽しみにしたい。

長屋良行（ながやよしゆき）
名古屋の広告代理店（株）三晃社に勤務。北海道旭川市生まれ。2003年から愛知の観光プロモーション業務に携わる。名古屋おもてなし武将隊の他、「名古屋城検定」「徳川家康と服部半蔵忍者隊」を企画する。著書に『古地図で歩く城下町名古屋』（名古屋市）、『歴史物語を歩く』『続・歴史物語を歩く』『名古屋の言い分』（ゆいぽおと）、共著に『東海戦国武将ウオーキング』（風媒社）、『東海の山車とからくり』（ゆいぽおと）などがある。

街角三英傑&グッズ

豊臣秀吉像

（名古屋市北区）

名城公園近くの住宅街に立つ秀吉像。第30回名古屋まつりで秀吉を演じた長瀬氏の功績をたたえて平成元年に立てられた。まつりの英傑役がいかに名誉なことかを象徴する街角モニュメント

三英傑ピンズ&ポストカード

ハンズ名古屋店オリジナルの名古屋グッズ「ヌーベル・ヤデ・カンテ」シリーズ。他、名古屋城、金シャチ、名古屋めしもあり。ピンズ880円、ポストカード165円（ハンズ名古屋店）

三英傑＋水戸黄門モニュメント

（円頓寺交差点／名古屋市西区）

円頓寺商店街と円頓寺本町商店街を結ぶ円頓寺交差点に立つ三英傑像。金色の信長、銀色の秀吉、銅色の家康像は平成25年に地元の篤志家により寄贈されたもの。なぜかフルカラーの水戸黄門も

家康公三方ヶ原戦役ストラップ

三方ヶ原の戦いで敗走した時の姿を描いたといわれる“しかみ像”のストラップ（有名な脱糞エピソードは信憑性に乏しいとの説が現在は主流）。770円（徳川美術館）

豊太閤之像

（常泉寺／名古屋市中村区）

中村公園に隣接する秀吉生誕の地のひとつとされる常泉境内に立つ。境内には豊太閤産湯に井戸、秀吉御手植えの柊などもある

ビルの公開空き地の壁画。名古屋まつり郷土英傑行列をモチーフに、平成7年のビル竣工を記念して描かれた。三英傑の年表などもあり日本史のおさらいもできる

三英傑壁画

（伏見ライフプラザ／名古屋市中区）

金箔風クリアファイル徳川家康画像

家康の最も有名な肖像画、東照大権現像のゴージャスな金箔風ファイル。裏には甲冑などミュージアム所蔵の大名道具の写真が。550円（徳川美術館）

武将湯呑

羽柴秀吉の五三の桐（ごさんのきり）、織田家の五つ木瓜（いつつもっこう）、徳川家の葵。各英傑の家紋のマグカップ。取り扱い＝呉竹商事。各770円（名古屋城、中部国際空港おみやげ館）

中村公園入口にある日吉丸と5人の子どもたちの群像。秀吉のわんぱくな少年時代をイメージして地元彫刻家らが制作

日吉丸となかまたち

（中村公園／名古屋市中村区）

三英傑に会える！武将隊

名古屋おもてなし武将隊が先鞭をつけた、戦国のサムライたちが現代によみがえる武将隊。

その数は全国に100組以上ともいわれる。中でも三英傑は各地で中心的役割を担う。ここでは信長、秀吉、家康をメンバーに含む武将隊を紹介。同じ人のはずなのに異なる個性。〝推し武将〟の中でも特にお気に入りの殿が見つかるかも？

■メンバー
■人数
■結成年
■主な活動場所
■主な活動内容
■ Web コンテンツ

名古屋おもてなし武将隊®

愛知県

■織田信長、豊臣秀吉、徳川家康、前田利家、加藤清正、前田慶次、太助、踊舞、十吾、なつ
■ 10 名
■ 2009 年
■名古屋城
■名古屋城に毎日出陣し、写真撮影や観光案内などの「おもてなし」、土日祝日には寸劇や舞、和太鼓演奏などのパフォーマンス「おもてなし演武」を行います。
■公式サイト、X（旧 Twitter）、ブログ、YouTube、Instagram

徳川家康と服部半蔵忍者隊®

愛知県

■徳川家康、服部半蔵、三平、凛、猿伎丸、草二、柊、遊
■ 8 名
■ 2015 年
■名古屋城、中部国際空港セントレア
■忍者ショーやおもてなし（写真撮影、ふれあい）
■公式サイト、X（旧 Twitter）、Tiktok、YouTube、Facebook、Instagram

清洲城武将隊煌組

愛知県

■織田信長、帰蝶、森蘭丸、柴田勝家、茶々、前田又左衛門、滝川一益、服部小平太、毛利新介
■ 9 名
■ 2011 年　絆組・桜華組・煌組と進化をつづけている
■清洲城、各種イベントやお祭り
■桶狭間の戦いの出城となった清洲城のＰＲ
■ X（旧 Twitter）、Facebook

岐阜信長公おもてなし武将隊 響縁

岐阜県

■織田信長、明智光秀、織田信秀、土田御前、古田織部、池田恒興、帰蝶、河尻秀隆、森蘭丸、森千丸、森坊丸、前田犬千代

■16名

■2015年

■岐阜城

■戦国体験（弓矢体験、甲冑着付体験、姫着付体験、火縄銃体験等）

■X（旧Twitter）

レジェンド家康公天下泰平組

愛知県

■徳川家康、松平信康、本多忠勝、榊原康政、井伊直政、榊原清政、服部半蔵正成、稲姫、江姫、伊賀忍者たいぞー

■10名

■2014年

■愛知県を中心に日本全国

■イベント、お祭り、企業のパーティーなど依頼があればどこへでも。隔年で舞台公演戦国ミュージカルを制作しています。

■公式サイト、X（旧Twitter）、Facebook、Instagram

長浜桜演隊

滋賀県

■羽柴秀吉、羽柴秀長、羽柴秀家、竹中重治、蜂須賀正勝、石田三成、大谷吉継、浅井万福丸、浅井万寿丸（万菊丸）、寧々、智、朝日（旭）、利世、市、茶々、初、忍者・牡丹、別動隊・ロク（柴犬）

■17名と1匹　■2015年

■長浜市の黒壁スクエア、商店街一帯

■観光にお越しのお客様へのおもてなし、観光案内。黒壁スクエア・商店街一帯の清掃活動。アニメのキャラクターのコスプレをして活動することもあります。

■X（旧Twitter）、ブログ

近江の國おもてなし武将隊 信長隊安土衆

滋賀県

■織田信長、徳川家康、羽柴秀吉、滝川一益、丹羽長秀、佐久間信盛、明智光秀、蒲生賢秀、蒲生氏郷、前田利家、森蘭丸、帰蝶、市、寧々、足軽

■22名　■2012年

■近江八幡市安土町。城郭資料館、安土城跡、信長の館、滋賀県立考古学博物館等

■来場者へのおもてなし、写真撮影、ガイド等

■X（旧Twitter）、YouTube、Facebook、Instagram

名古屋まつり都市伝説

まつり、英傑に関する噂の数々。信じるか信じないかはあなた次第…！

令和6年で第70回を迎える名古屋まつり。歴史が長いということはそれだけで伝説です。そして、伝説には信ぴょう性に疑問符がつく**都市伝説**もつきものです。そう。名古屋まつりにも、真実か単なる噂か、根も葉もないつくり話か、いやいやでたらめと思ったらまさかの実話か…？と信じるか信じないかはあなた次第の伝説がいくつもあるのです。

名古屋まつりは名古屋まつり協進会という組織が主催しています。この会は名古屋市、愛知県、名古屋商工会議所の三者によって構成されています。となれば予算の負担も三等分、と思いきや、これがかなり**意外なバランス**になっています。お金の話をあまり具体的にいうのも野暮ですし、これは都市伝説でも何でもなく公表されている数字なので、気になる人は調べてみてください。

名古屋まつり協進会は基本的に名古屋市の各部署が分担しています。かつては総務局がその中心でしたが、現在は観光推進課が担当。また花形である郷土英傑行列を財産管理課という観光関連ではない部署が担っているのが不思議なところです。他にも、山車揃は安全衛生課、剣道大会は緑政土木局と担当部署は各催しによってほぼ固定されているのですが、神楽揃は毎年各部署で持ち回りになっています。この役割分担については、職員も「なぜこういう割り振りになっているのか誰にも分からない。ずっとそうだから、としかいいようがありません」と首をひねります。

名古屋まつりの主役といえば何と言っても郷土英傑行列です。英傑役は無報酬のボランティアですが、戦国武将になりきり何十万人もの注目を浴びることができるのは、この上ない役得だといえます。日当ゼロなんて問題なし、むしろ**お金を積んででもやりたい！**と思う人もいることでしょう。事実、日本の祭礼の中には多額の費用を負担しなければ主役の座に就けないものもあります。京都の有名なおまつりの平安貴族役は衣装の十二単などを含めておよそ一千万円以上、姫役の自腹なのだとか！

ひるがえって名古屋まつりも、かつては公募制ではなく、地域の名士、有力者の中から三英傑役が選ばれていました。区長さん、地元企業のお偉いさんなど…。その時代は有力な議員さんの口ききや、もっといえば**おまんじゅう代**があった方が……なんて、いやいやこれこそあくまで都市伝説です！

でも三英傑になるのはやはりそれくらい名誉なことで、公募になってからも社運をかけたコンペに参加するほどの意気込みで選考にのぞむ人もいらっしゃったとか。晴れて英傑になったとあらばそれこそもうおまつり騒ぎで、記念に**一流ホテルで豪華なパーティーを開く**とか、**自ら銅像を建てる**なんてことも珍しくなかった、なんて昔話ももれ聞こえてきたりします。

多分に誇張も含まれているかとも思いますが、いやいやそんなもんじゃなかった！なんて声もあったりして。

三英傑のOB会である英傑会も、古株の方たちほど豪傑が多く、それこそおおっぴらにできないエピソードには枚挙に暇がないとか、いやすべて後から盛ったほら話に過ぎないとか…。どこまでがつくり話でどこからが真実なのかは、あなたも英傑会の会員になればある程度真実に近づけるかもしれません。

もちろん、ここでお話ししたことはすべて憶測や誤解や言葉のあや、時に陰謀論までもが入り交じった都市伝説です。信じるか信じないかは、あなた次第です。

参考文献

『名古屋祭』伊勢門水（村田書店）

『名古屋城下の山車行事調査報告書２０１８』名古屋市教育委員会文化財保護課

『超新説で読みとく信長・秀吉・家康の真実』跡部蛮（ビジネス社）

『平成26年度名古屋市博物館特別展図録　三英傑と名古屋』（名古屋市博物館）

『戦国武将の叡智 ― 人事・教養・リーダーシップ』小和田哲男（中公新書）

『名古屋の言い分』長屋正行（ゆいぽおと）

『若き信長の知られざる半生』水野誠志朗（ぴあ）

あとがき

この本の制作中、第70回名古屋まつりの郷土英傑行列行・三英傑役に応募しました。
ちなみに希望したのは秀吉です。
本の企画を立ち上げた時点で、自分もせめて役に応募をしなければ…とは思っていて
合格経験者である英傑会の皆さんから、書類選考+面接の必勝のノウハウという
インサイダー情報（？）を得る役得も活かし、書類や写真を揃えて提出しました。
いわばネタとして応募したわけですが、実際に応募すると
あわよくば…という気持ちがむくむくと沸き上がってきました。
本の恰好の売り文句になるという邪な考えもあったからではありますが
それでも、ほんの少し前までは思ってもみなかった
「秀吉をやってみたい！」という気持ちが膨らんだのは事実です。
本が出る頃には今年の英傑役が既に発表されているので
結果は皆さんご存じの通り、あえなく落選…！
もちろん残念ではありましたが、いい大人が想像もしていなかった分野に
挑戦すること自体新鮮で、合否通知が届くまでの間
そわそわしつつも楽しい気分を味わうことができました。
そしておそらく今年の名古屋まつりは
「もしかすると自分があの場に秀吉として立っていたかも…」と
想像しながら、例年以上に思い入れをもって楽しめるに違いありません。

英傑を演じた人、姫役を務めた人、行列を支えた人、夢が叶わなかった人…。
この本には、名古屋まつりにかかわるいろいろな人の思いを詰め込みました。
それにふれることで、あなたがまつり見る目も
いつもとは少し違ったものになるのではないでしょうか。
すなわちこの本は、名古屋まつりの新しい見方、楽しみ方を
皆さんにお届けするための一冊です。
毎年欠かさず足を運んでいる人も、しばらく行っていなかった人も、
一度も見にいったことがないという人も、
名古屋まつりと三英傑を見にお出かけしてみてください。
本を読んだ後でまつりを見るか、まつりを見てから本を読むか
いずれにしても、まつりの魅力をより深く感じることができるはずです。

Special Thanks

名古屋まつり協進会

英傑会

福原大介

佐々木雄一郎

取材先各位

（敬称略）

※本書中の名古屋まつりの主な写真は、名古屋まつり協進会にご提供いただきました。名古屋まつり協進会の撮影した各英傑などの写真の権利は、名古屋まつり協進会に帰属します。

英傑（秀吉役）応募用に撮影した近影

［著者紹介］

大竹敏之（おおたけ としゆき）

名古屋在住のフリーライター。愛知県常滑市出身。小学生の頃は地元の祭りで山車を曳くのが楽しみだった。学生時代を京都で過ごし、時代祭などの仮装行列にアルバイトで参加した経験も。思い入れのある英傑作品は、五色園（愛知県日進市）の浅野祥雲作のコンクリート製・日吉丸像。著書に『間違いだらけの名古屋めし』（ベストセラーズ）『名古屋の喫茶店完全版』『名古屋の酒場』（ともにリベラル社）など。Yahoo！ニュースに「大竹敏之のでら名古屋通信」配信中

装幀／三矢千穂

英傑会の謎　名古屋まつりを彩る郷土三英傑

2024年10月31日　第1刷発行　（定価はカバーに表示してあります）

著　者　大竹　敏之

発行者　山口　章

発行所　名古屋市中区大須 1-16-29
電話 052-218-7808　FAX052-218-7709
http://www.fubaisha.com/
風媒社《ふうばいしゃ》

＊印刷・製本／シナノパブリッシングプレス

ISBN978-4-8331-1567-4

乱丁本・落丁本はお取り替えいたします。